Dar Sentido de Vida ante las Pérdidas

SANANDO EL DOLOR ANÍMICO Y FÍSICO QUE DEJAN LOS DUELOS

Araceli García

Reservados todos los derechos. No se permite la reproducción total o parcial de esta obra, ni su incorporación a un sistema informático, ni su transmisión en cualquier forma o por cualquier medio (electrónico, mecánico, fotocopia, grabación u otros) sin autorización previa y por escrito de los titulares del copyright, excepto breves citas y con la fuente identificada correctamente.. La infracción de dichos derechos puede constituir un delito contra la propiedad intelectual.

El contenido de esta obra es responsabilidad del autor y no refleja necesariamente las opiniones de la casa editora. Todos los textos e imágenes fueron proporcionados por el autor, quien es el único responsable por los derechos de los mismos.

Publicado por Ibukku, LLC
www.ibukku.com
Diseño de portada: Ángel Flores Guerra Bistrain
Diseño y maquetación: Diana Patricia González Juárez
Copyright © 2024 Araceli García
ISBN Paperback: 978-1-68574-851-7
ISBN Hardcover: 978-1-68574-853-1
ISBN eBook: 978-1-68574-852-4

Índice

Dedico este libro…	5
AGRADECIMIENTO	7
PRÓLOGO	9
INTRODUCCIÓN	11
Capítulo 1 Personalidad ante el duelo y las pérdidas	15
Capítulo 2 Duelo	19
Capítulo 3 El enigma de la muerte	31
El niño frente a la muerte	33
El adolescente frente a la muerte	35
El adulto frente a la muerte	36
La vejez frente a la muerte	37
Capítulo 4 Dolor	39
Variantes del dolor	40
Clasificación del dolor	43
¿Cómo proceder ante el dolor?	44
¿Hay dolor en la muerte natural?	44
Factores que provocan el dolor	45
Fisiológicos	46
Emotivos	46
Sintomatologías	48
Capítulo 5 Pérdida	51
Partiendo desde lo que se pierde	51
¿Qué pierdo cuando pierdo?	52
Expresar emociones y sentimientos	56
Extrañar	58
Apego	59

Capítulo 6
Promover autonomía — **61**
    Reducción Estrés — 61
    Angustia y Ansiedad — 63
    Depresión — 68
    Elevar calidad de vida — 72
    Proceso adaptativo — 73

Capítulo 7
Recursos para confrontar duelo y pérdidas — **77**
    Test para conocer la actitud ante el duelo o pérdida — 77
    Dinámica — 78
    Ejercicios de apoyo — 79
    Técnicas — 79
    Tips — 82

EPÍLOGO — **85**

GLOSARIO DE TÉRMINOS — **87**

Dedico este libro...

Una experiencia de seguir viviendo a pesar de las pérdidas y el dolor que deja la ausencia de lo que ya no tengo, pero me queda el recuerdo de lo vivido.

El duelo es un gran maestro que enseña a luchar para retomar la vida, ante esa sensación de no poder estar de pie y sentir esa amarga soledad y un gran vacío.

Me parece imposible que solo quede la ausencia y los recuerdos de lo compartido, con amor doy las gracias, asumo mi realidad y me despido.

Y cuando trascienda de este plano, tengo la esperanza de encontrarnos en el camino.

Mientras tanto decido darle un sentido a la vida a pesar de lo perdido.

AGRADECIMIENTO

A mi hijo Edwin, principalmente por ser fuente de inspiración de este proyecto aunque haya trascendido de este plano material.

A mis familiares por ser primordial fuente de motivación en mi existencia.

A mis amigos por estimular cada movimiento de mi vida.

A las personas que con su confianza me invitan a ser mejor.

Al amor y respeto que me hacen sentir todos los días.

PRÓLOGO

El propósito de lectura es con la finalidad de tener una mejor perspectiva al identificar cómo se relaciona el dolor anímico y físico ante el duelo o pérdida.

Es necesario percibir cómo el ser humano nace con un potencial que puede desarrollar en el trayecto de su vida, no obstante, puede variar de un individuo a otro, debido a la capacidad y resolución o enfrentamiento de cada persona para lograr que el proceso ante las pérdidas sea satisfactorio.

Al hablar del campo de la salud mental, esta forma de pensamiento directa ha ocasionado el surgimiento de explicaciones simplistas con respecto a las causas del comportamiento y el motivo de la enfermedad. La mente recibe la paradójica responsabilidad de controlar el cuerpo, lo que crea un conflicto entre los dos viéndose reflejada en enfermedades físicas, conflictos emocionales, fracasos de relación y la incapacidad intelectual. Desde esta perspectiva el síntoma puede considerarse un esfuerzo de adaptación y supervivencia por parte de la persona que se percibe como habitante de un sistema extraño, hostil y tóxico.

Al enfrentarse a una pérdida se revive a nivel psicofísico, biopsicosocial, y experiencias anteriores de consolación o contención, que incitan a sentir sensación de vacío ante la ausencia.

De tal forma que el proceso de duelo es vinculado a emociones, representaciones mentales, sensaciones y conductas enlazadas con la pérdida afectiva, frustración o dolor.

La integración de una persona (sus emociones, pensamientos y conductas), obliga a permanecer en contacto con su fuerza vital y estar dispuesta a correr riesgos. Es necesaria la voluntad y capacidad para adquirir nueva conciencia en el proceso de aprendizaje y cambio en un nivel cognoscitivo y emocional, aunque la memoria a veces falla, cuando se trata de recordar aprendizajes emocionales y la noción de supervivencia ante las pérdidas.

Dentro de las incógnitas podemos encontrar estrategias que ayuden al individuo o a la familia a descubrir sus propias respuestas, como un auxiliar a la persona, una representación que le permita ser localizada en su interior.

Por otro lado, al hablar de las culturas y religiones basadas en un modelo de amenaza y recompensa; se considera que la dependencia de estos principios conduce a un estilo de vida "adecuado" y favorece una buena salud mental. Es importante darse la oportunidad de crecer en el contexto de mejorar la vida y poder prepararse a las pérdidas, incluso la muerte, pero con un sentido de equilibrio emocional, mental y paz espiritual.

Una tarea individual es identificar los recursos para confrontar la pérdida, es de suma importancia encontrar alternativas y poder disminuir emociones, sensaciones de angustia y de estrés, de esta manera buscar el bienestar físico de la persona donde se pueda lograr alivio de los síntomas sin intentar alargar la supervivencia, sufrimiento, esperanza o agonía ante cualquier pérdida. A su vez ayudará a mejorar los pensamientos y calidad de vida, que aporte a una preparación para la muerte, pérdidas o apegos con un equilibrio emocional y paz mental.

El pensamiento y la palabra son una forma de energía vital que tiene la capacidad (y ha sido demostrado de forma sostenible) de interactuar con el organismo y producir cambios físicos muy profundos.

En los estudios como la Neuroinmunología, nos enseña las claves de la conexión cuerpo-mente, explica por qué la mente y las emociones afectan a la salud de nuestro cuerpo.

Mientras que en la Psiconeuroinmunobiología nos muestra el vínculo que existe entre el pensamiento, la palabra, la mentalidad y la fisiología del ser humano. Una conexión que desafía el paradigma tradicional.

INTRODUCCIÓN

Es posible encontrar respuestas en la relación que el individuo percibe en el dolor físico y anímico ante las pérdidas y duelos.

La importancia de identificar la problemática del dolor físico y anímico es para encontrar un equilibrio y regular emociones que afectan en el día a día y de esa manera hallar los propios recursos para manejar el dolor.

Hay factores que intervienen en el dolor como el estrés debido a la reacción física y mental del individuo por adaptarse a los cambios.

Al hablar del estrés, se puede identificar la respuesta del cuerpo a condiciones externas que perturban la armonía emocional de la persona, de esta manera da paso al dolor anímico y físico, en esta reacción participan casi todos los órganos y funciones del cuerpo, incluidos cerebro, los nervios, el corazón, el flujo de sangre, el nivel hormonal, la digestión y la función muscular, de tal manera que el cuerpo se desequilibra debido a las diversas funciones que se aceleran inútilmente.

El libro invita a identificar y evaluar las manifestaciones dolorosas más comunes que se presentan ante cualquier tipo de pérdida.

Si hablamos de dolor cabe mencionar que es una percepción sensorial localizada y subjetiva que puede ser más o menos intensa, molesta o desagradable y que se siente en una parte del cuerpo; es el resultado de una excitación o estimulación de terminaciones nerviosas sensitivas especializadas.

No obstante, hay otra clase de dolor que se involucra ante situaciones de pérdida y duelo como son los sentimientos intensos de pena, sufrimiento, frustración, tristeza, lástima, depresión, angustia, entre otros que se consideran por motivos emocionales o anímicos.

De esta manera es importante lograr identificar los propios recursos para controlar el estrés, tensión o dureza ante un diagnóstico o suceso doloroso que pueda implicar más padecimiento del necesario. La resistencia es otro factor que puede manifestarse para producir dolor y aumentar la dificultad de aguantar, soportar o sufrir en ocasiones innecesariamente.

Ante una posible noticia desagradable como lo es un diagnóstico, una pérdida significativa como trabajo, matrimonio, algo material, cualquier vínculo de relación inclusive la muerte, al haber tensión se empieza a someter el cuerpo no solo físicamente sino también entre la razón y sentimiento. La consecuencia fisiológica será un deseo de huir del escenario que lo provoca o lo confronta violentamente.

Por eso la gran importancia de conocer los recursos que se tienen individualmente para la confrontación directa, debido a que la psique y el cuerpo físicamente se afectan por la desorganización de pensamientos y de ideas ante la separación de lo perdido, logrando dar una modificación a una situación incómoda y poder aminorar el dolor.

Considerar el duelo como un proceso ante la ausencia de algo significativo es enfrentarse a un reto de poder implantar conceptos de vida, resignificar y dar otro sentido a la existencia, disminuir el sufrimiento físico y psicológico, a su vez conseguir su bienestar para vivir y morir con dignidad.

Por otro lado, los pilares como el apego y recursos individuales ante el concepto de pérdida, muerte, vida, ausencia, lejos de ser enemigos en un proceso de duelo, pueden ser colaboradores para enfrentar el dolor, sufrimiento, el estrés de la separación, depresión, desesperación, enfado, miedo…

Neimeyer habla del duelo como proceso de restauración de significado, muestra que, ante la privacidad de algo, dependerá la forma en cómo se reacciona para encontrar recursos de adaptación. Lo que puede agravar el dolor son factores que intervienen como la culpa, ansiedad inclusive la tarea que desempeña el apego y que cae en enfermedad emocional y física, dependiendo la naturaleza de su relación que mantenía con el individuo u objeto, que puede desencadenar un ataque al corazón o un derrame cerebral, etc., como nos muestra en su libro *Aprender de la pérdida*.

Algunas enfermedades psiquiátricas son la expresión de un duelo patológico, dichas enfermedades incluyen en muchos casos estados de ansiedad, depresión, e incluso más de un tipo de trastorno de personalidad.

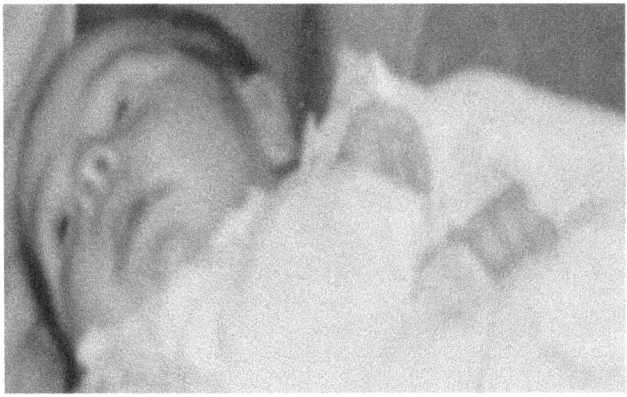

¡No es posible la alegría del nacimiento sin sufrir el dolor de
la despedida del cordón umbilical que te da seguridad!

Capítulo 1
Personalidad ante el duelo y las pérdidas

Y de pronto.... ¡¡¡¿Qué pasó?!!!... UN GRAN SILENCIO, solo siento sensaciones desconocidas como si el cuerpo advirtiera un peligro; ¿cómo reaccionar a lo que me hacen?, abro mis ojos y veo colores diferentes, hay olores no conocidos, ¿por qué me tocan? Empiezo a sentir un gran vacío, me están cortando lo que me daba seguridad, lo que me alimentaba, esa sensación de tranquilidad, paz y bienestar lo tiran, ese vacío es difícil de describir, algo que duele no solo físicamente, me duele que me quiten algo "mío", qué raro se siente, hay personas y me siento sola contra lo que hay afuera, ¡¡¡mi cordón umbilical, regrésamelo, no quiero sentir todo esto!!!

¿Cómo hago para no sentir esta sensación desagradable que acaso se llama "dolor"? Sí, me duele el alma, el cuerpo, me duele lo que pierdo y ahora ¿qué sigue? ¿Acaso es miedo, tristeza?, ya no sé si siento malestar o estoy enojada,

acabo de perder lo que me ha acompañado todo el tiempo en mi crecimiento, perdí esa confianza y dicha que tenía… "Acabo de perder todo".

Personalidad ante las pérdidas y muerte

La personalidad inicia con el nacimiento y se pierde con la muerte de acuerdo al artículo 22 del Código Civil Federal.

En algunos casos podemos hablar de fecha de nacimiento programado pero no sabemos la fecha de muerte, se encierra un misterio desde la palabra que no se sabe cómo manejarla, por lo tanto tampoco se sabe qué sentir o cómo procesarla, sin embargo dentro del mismo misterio que encierra la muerte también se encuentra los miedos del cómo trascender, y qué dolor habrá, aunque autores manejan que la muerte como tal no duele, lo que duele es sentir el proceso y lo que representa para cada persona la muerte.

Desde el nacimiento ya se viene expuesto a crear relaciones emocionales, aprender a aguantar y tolerar incomodidad, molestia, dolor ya sea físico, anímico hasta la necesidad de resistirse al sufrimiento. Cabe mencionar que el hemisferio derecho actúa como regulador de estados psicobiológicos (incluyendo estados emocionales) y provee las bases neurobiológicas de la experiencia en la comunicación con otros. Mientras que el hemisferio izquierdo es dominante, lógico, pensante y racional.

La personalidad es un factor para entender el comportamiento del ser humano.

Es la forma de ser de un individuo cómo siente, piensa, actúa e interviene en cada una de sus actividades, está influida por la familia, casa, escuela o trabajo, cultura, clima, religión, amigos, conocidos, medio ambiente, lenguaje, creencias, etc., y los genes que juegan un papel fundamental en el desarrollo de la personalidad los cuales según investigadores son:

- Temperamento: naturaleza emocional del individuo, con lo que se nace.
- Carácter: adquieren rasgos afectivos-dinámicos heredados.
- Actitudes: predisposiciones persistentes a responder ante una situación.
- Constitución: aspectos exteriores, origen de la reacción funcional.

- Aptitud: capacidad para hacer algo.
- Rasgos: características constantes del comportamiento.

Aspectos de la personalidad:
- Yo privado = Imagen psicocorporal.
- Yo social = Influyen las opiniones de los demás.
- Yo ideal = Lo que desearíamos ser.
- Yo real = La verdadera personalidad.

La personalidad ante las pérdidas puede desencadenar traumatismo psicológico, psicosomático, que tiene repercusiones en las emociones, y sensaciones a corto y largo plazo a nivel físico, emocional y psicológico. Buscar el bienestar físico ante el dolor anímico es una responsabilidad del individuo, que invita a obtener alivio de los síntomas sin intentar prolongar la supervivencia, angustia, agonía, sufrimiento, estrés o desconsuelo ante cualquier pérdida.

Es el reto de mejorar la vida y de poder tener disposición al gran compromiso de UNO MISMO en hallar la satisfacción para vivir y morir con dignidad. Este punto se logrará siempre y cuando se canalicen los recursos lo mejor posible para desafiar la vida y todo lo que conlleva a las pérdidas hasta su muerte alcanzando un equilibrio emocional, en estado de armonía y paz mental.

Las pérdidas y duelos enfrentan sufrimientos inevitables, que se suelen magnificar como sensaciones de desamparo, abandono, desaliento y aislamiento. También es notorio que incluso puede agravar el dolor físico que con frecuencia es componente de la enfermedad, cabe aclarar que hablar de muerte es tener que reflexionar con la personalidad del individuo y sus necesidades. Renunciar al apego puede verse como resistencia al cambio y de esa manera expresar rabia, miedo, resentimiento, frustración, sentimiento de vulnerabilidad, pena, crítica, rechazo y sentirse culpable que juntos nos invita a interiorizar el "ego".

De tal forma que el proceso de enfrentar la muerte y las pérdidas está relacionado a las emociones, frustraciones, fantasías, representaciones mentales, pensamientos destructivos y conductas enlazadas con la pérdida de salud, sufrimiento y dolor. El ser humano está ligado a fenómenos que se ponen en marcha como son psicológicos, psicosociales, incluso económicos, hasta incluir la muerte.

Al observar lo existido y lo que se ha perdido, cuando le arrebatan a uno "todo", sueños, proyectos, las ganas de vivir, la respiración de paz, tranquilidad y bienestar que te da lo que se ha ganado en la vida, padres, hermanos, educación, pareja, hijos, ilusiones, trabajo, entusiasmo, libertad, euforia, amor, fe, esperanzas y de repente… Un gran silencio porque al sentir un gran vacío, al experimentar lo que se ha perdido llega el dolor del alma, el dolor anímico y el dolor físico.

Debido a que la muerte es cultural y sus representaciones dependen del código de creencia también es cierto que es lo que más se evita y menos se quiere confrontar, sin embargo, es lo único de lo que no se puede escapar, por eso ocasiona angustia, miedo, depresión, enojo, tristeza, culpa, rechazo, interviene la parte espiritual en la forma cómo se relacione con un ser superior y la parte racional donde la razón sabe que ya no está pero el corazón y parte afectiva aún no logran integrarlo en la ausencia, por eso en los duelos hay negación.

Al hacer la pregunta respecto a ¿qué pasaría si pudiera saber la fecha de mi muerte? Me enfrenta a la posibilidad de reconciliarme con la vida, viajaría, organizaría mejor mis pendientes, aprendería a hacer las cosas diferentes o realmente el saber cuándo moriré ¿haría diferente mi forma de existir?

Es mejor entender que la muerte puede ser la mejor aliada a la forma de vivir, como si fuera la mejor amiga, para reflexionar la existencia en esta vida.

Enfocar en lo que se tiene y no en lo que falta

Capítulo 2
Duelo

Sigmund Freud fue el primero en elaborar una teoría del duelo, investigó que el sufrimiento es debido a su apego.

El objetivo del duelo es separar sentimientos y apegos del objeto perdido. De tal manera que el duelo o aflicción es un proceso normal, sin embargo, al hablar de la melancolía es duelo patológico.

Mientras que para la Tanatodinamia que significa: *Thánatos*, "Muerte, pérdida". *Dinamos*, "estudia las leyes y las causas que obedecen al movimiento", de acuerdo a Fernando R Gómez Urrea, el duelo nunca se cierra, solo transmuta sus significados simbólicos, significantes, de abstracción e implicaciones.

El duelo es en general un proceso afectivo y activo, no un estado, es un paso de adaptación a las pérdidas: muerte del ser amado, de familiares, amigos, trabajo o de cuestiones materiales, un objeto o un evento significativo, que involucra las reacciones de tipo físico, emocional, familiar, conductual, social y espiritual que se presentan donde todo ser humano está expuesto.

Para la Tanatología que es una ciencia humana donde su significado es: *Thánatos*, "estudio de la muerte" y *Logos*, "tratado/estudio", irónicamente parte de la vida. Después de vivir, siempre se muere. La Tanatología se define como una ciencia que ayuda al buen morir y agregaría también al bien vivir dando un sentido a la vida. Desde el punto de vista de la Tanatología se conoce en términos de tiempo al período del proceso de pérdida, plantea un tiempo normal de resolución, propone varias clasificaciones.

Variantes del duelo

Duelo anticipatorio: a la posibilidad de anticipar la muerte de un ser querido o la propia, diagnóstico de enfermedad terminal, es prepararse a la despedida, existe una carga emocional intensa. Por ejemplo: cuando de pronto llega la noticia de que un ser querido en un accidente se ve amenazado con la muerte. El simple hecho de vivir una enfermedad crónico-degenerativa o una discapacidad que no tiene reversión modifica el proyecto de vida.

Duelo en la práctica profesional: los apegos, expectativas y necesidades que se quieren cubrir; se vuelve complicado poder llenar el vacío partiendo de la pérdida o lo que representa para la persona lo perdido.

Duelo póstumo normal: lo que se conoce como convencional o se supone anticipadamente que será una enfermedad crónica degenerativa y en algunos casos como ejemplo puede ser alguien con diagnóstico de demencia o Alzheimer inclusive ante el síndrome de un hijo que no se desarrollará de acuerdo a su edad cronológica.

Duelo retardado: cuando al momento de la pérdida la necesidad de ser fuerte, quizás por sentirse tan agobiado ante todo lo que se está presentando en su momento no permite enfrentar el duelo. Ejemplo: ante las situaciones estresantes que conlleva la muerte de un ser amado que muere lejos de su país y se requiere muchos trámites para la entrega del cuerpo.

Duelo crónico: cuando los apegos se acentúan más ante la pérdida, y la negación permanece por tiempo indefinido, ocasionando que sigan comportándose como si la persona estuviera presente o que las fechas significativas generen constantemente dolor una y otra vez por meses y años. Ejemplo: en muertes repentinas, ante la culpa de no haber dicho o hecho algo para evitarlo, en algunos casos cuando hubo situaciones de malestar no aclaradas.

Duelo perinatal y neonatal: se afecta las expectativas de una esperanza-vida, aparece culpa por pensar dentro de la fantasía de la madre que fue por no alimentarse bien, por la práctica sexual, por movimientos que ocasionó la muerte o exceso de trabajo.

Duelo por aborto: al sentir fracaso por no haberse cuidado y evitarlo o por no haber hecho lo correcto para que el bebé naciera.

Duelo complicado: cuando la adaptación después de la pérdida es inadecuada, interfiere en asuntos personales, laborales, escolares, cambio de domicilio, país, amistades, escuela y puede verse asociado a problemas psiquiátricos en la edad adulta.

El duelo ausencia: puede ser de la persona, objeto, evento, o situación, que vive alguien ante la pérdida física de algo a lo cual pertenecía y como consecuencia aparece la añoranza, esa necesidad de sentir su calor, el olor, la voz de un ser querido, el dejar de tener el contacto físico. En otras palabras, es la ausencia de lo que la otra persona, situación o cosa representó en su vida.

Duelos especiales

El duelo por muerte no esperada (muerte súbita o suicidio). Requiere de más tiempo para la elaboración.

El duelo ocasionado por accidente: es importante despedirse del fallecido y ver el cadáver (depende de la persona).

El duelo debido a muerte por crimen: un agravante será la rabia impotente hacia el asesino, hacia la inexistencia de la justicia, o en contra de Dios por haber permitido este hecho.

El duelo por desastre: causados por eventos naturales como tsunamis, terremotos, huracanes, inundaciones, incendios, erupción volcánica, temperaturas extremas, entre otros.

Se tiene una conciencia clara de la vulnerabilidad de la vida, existe impacto, shock, flash backs, culpa del sobreviviente, sentimientos de confusión y entumecimiento emocional.

Provoca mayor enojo e impotencia cuando la catástrofe es provocada por el hombre, manifestándose una pérdida de la confianza básica en el mundo.

Duelo por pandemias: quien lo vive sufre un adiós sin despedida, ritual y familia.

Duelo sin cadáver: ante la noticia de que el cuerpo no aparece y se da por concluida la búsqueda, como ejemplo robo, o secuestro, accidente aéreo, marítimo o desastre natural.

Duelo por suicidio: si se opta por el secreto, la incongruencia a la realidad afectará la conducta, comunicación y aparecerán las interpretaciones que desencadenen en síntomas.

El duelo por la muerte de un hijo: muerte ilógica, encierra probablemente el dolor más grande por lo que simboliza, se esperaría que por orden cronológico, primero morirían los padres. Deja vacío, devastador, según la relación de muerte y expectativas. *¿Qué hago con el enojo…? Y hacia Dios… ¿Qué hay por perder un hijo? ¿Por qué el mío?*

Entre más queremos más nos duele que mueran (nos alejamos de la realidad). Paraliza la posibilidad de un futuro… El de mi hijo "mío" a través de él y con ello las expectativas de vida.

Los niños preguntan: *"¿Qué? ¿Me voy a morir?"*. Y ¿qué se les contesta?

El duelo patológico: se transforma en trastorno depresivo mayor o trastorno de adaptación. Es un proceso largo, no es directo, hay recaídas o retrocesos. Es importante valorar a la persona para saber en qué etapa se encuentra y estimular que se fije en lo que tiene y no en lo que ha perdido además se debe reformular el significado personal de la vida y crecimiento. Tiene que ver con la negación y puede desencadenar cualquier enfermedad mental hasta pensar en dejar de vivir.

Duelos de trascendencia física: se invita a tener conciencia de que uno va a morir y cambia absolutamente toda la perspectiva vital.

Es más fácil pensar las implicaciones que vivirlas, más aún, superarlas, la pérdida se siente al generar expectativas de desarrollo que puede verse truncada ante la noticia de la propagación de la fuerza y funciones físicas, sobre todo si se trata de alguna desarticulación corporal.

La manera en que se ha vivido el cuerpo implica la forma en que uno pueda aceptar sus emociones y regularlas. Nadie puede conducir un cuerpo excepto quien lo vive.

Duelos de pertenencia cultural: son varias pérdidas que genera el duelo cultural:

- Pérdida de tradiciones
- Pérdida del idioma
- Pérdida de la educación
- Pérdida del entretenimiento

En la cultura se entorna un medio de aislamiento, expresión más pura de soledad no deseada, una especie de suicidio colectivo, la depresión social de la cual somos cautivos a través de la cultura, quienes han cambiado su medio cultural por radicar en un nuevo país o entidad territorial.

No solo pierde el territorio sino también el lenguaje, oír la música, cantar esas viejas canciones, jugar los juegos, y costumbres y tradiciones de un pueblo. Desmoraliza el sentido de hogar, de confianza, de libertad, lo encierra a uno en lo laboral, se vuelve opresivo cuando se recuerda lo perdido.

Perder los hábitos de convivencia es perder la cultura de pertenencia y aparece la soledad, falta de adaptación.

Dejar de fomentar la vida social tarde o temprano lo obliga a uno a convertirse en un extranjero en el lugar que habita.

Hay quienes, al no lograr integrarse a ese lugar, ejercen violencia en ellos mismos a través de hábitos y conductas autodestructivas que conlleva hacia tendencias suicidas, en el peor de los casos el acto.

El ser humano es un sistema abierto en continuo flujo, movimiento y transformación. Es importante que los sobrevivientes tengan "recuerdos" de momentos vividos con el fallecido y actividades familiares para resignificar la pérdida.

La comunicación con uno mismo es una vía formativa, permite desahogar pensamientos destructivos, estrés, tensiones, incrementa la fuerza, procesar frustraciones, alimentar el intelecto, cultivar la razón, emprender motores motivacionales, ejercitar la memoria o desarrollar la espiritualidad.

TRASCENDENCIA

¿Qué quiere vivir el ego?
¿Qué quiere vivir el corazón?
¿Qué quiere vivir el espíritu?

En la comunicación, al sentarse y preguntar ¿quién quiere existir o regir mi vida?, hay autores que mencionan que el duelo normal en su duración de 6 meses a 1 año, debido a que el primer año hay varios recuerdos de fechas significativas en el que se sentirá la ausencia a lo perdido, se enfrenta al duelo social y emocional.

Etapas de duelo

Al hablar de Tanatología no podemos dejar de lado las etapas del duelo, Elisabeth Kubler-Ross señala que el proceso de dolor siempre va acompañado de un sentimiento de ira, optan por suprimir este sentimiento la actitud hacia la muerte más predominante es la del rechazo.

1. Negación y aislamiento: mecanismo de defensa que en cierto tiempo es sustituida por la aceptación.
2. Ira: cuando no se puede seguir manteniendo la fase de negación, es sustituida por sentimientos de ira hacia uno mismo, con Dios, con todo.

3. Pacto: intento por posponer los hechos, plazo de vencimiento, sentimientos como el de abandono y soledad.
4. Depresión: cuando el paciente desahuciado no puede seguir negando su insensibilidad o estoicismo, su ira y su rabia serán pronto sustituidos por una gran sensación de pérdida.
5. Aceptación: Kubler-Ross dice que hay pacientes que luchan hasta el final, estos no podrán llegar a la aceptación con paz y dignidad.

Jorge Bucay, médico y psicoterapeuta Gestalt, establece siete etapas en el proceso de duelo:

1. Incredulidad: momento de negación, no hay ni dolor, la sorpresa lleva a un proceso de confusión entre más inesperada sea la muerte, la confusión y la incredulidad serán más profundas.
2. Regresión: explosión dolorosa, las emociones afloran sin control evitando la comunicación.
3. Furia: ira, se dirige a quien se considera los responsables de la muerte, con Dios, con la vida, con el otro, con el que se murió; nos sitúa en la realidad, prepara el cuerpo para la tristeza.
4. Culpa: dirijo hacia mí el resentimiento por no haber evitado la muerte y me culpo de aquello que no hice y tuve la oportunidad de hacerlo.
5. Desolación: tristeza, impotencia, el darnos cuenta que no hay nada que podemos hacer; se experimenta la soledad, tristeza que duele en el cuerpo, puede ser que se tenga sensaciones y percepciones extrañas, pseudoalucinaciones.
6. Fecundidad: transformar esa energía ligada al dolor en una acción.
7. Aceptación: consiste en separase, discriminarse de la persona que murió. Aceptar es interiorizar, me doy cuenta de que lo que esa persona me dio se supera, pero no se olvida. En algunos casos los pacientes las viven de manera alternada.

Negación y aislamiento

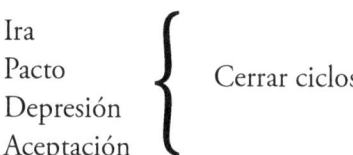

Proceso de intervención (afrontamiento) del duelo y pérdida

Proceso de duelo y pérdida

El duelo es algo que solo se puede hacer por uno mismo.

- Examinar. Reconocer la pérdida, admitir la muerte y entender que se requiere explorar lo que se siente, encontrar la ganancia a pesar de la pérdida en el pensar y sentir.
- Reorganizar pensamientos, sentimientos, expresar emociones y resignificar lo que se pierde.
- Revivir sentimientos, en forma realista para conseguir sentir un equilibrio ante lo perdido, quizás hasta conmemorar la pérdida y lo que representa.
- Modificar los valores y prioridades de la anterior forma de vivir.
- Adaptarse a una vida nueva sustituyendo la relación presencial por nostalgia de recuerdos.

La Tanatología: apoya el recorrido para mejorar la calidad de vida. Como ejemplo: asistir a una persona que está agonizando y a sus familiares, mediante médicos y personal de salud ante el duelo por la muerte. Comenzado por enfermedades pasando por procesos.

Una persona estructura su concepto de muerte con herramientas, mecanismos de defensa, reacciones, tácticas adaptativas y de resolución ante el duelo y otra clase de pérdidas, dando como respuestas el comportamiento humano desde su desarrollo.

Por cultura nos llega la noticia de la muerte como un mal, como una nueva dimensión de la vida, produciendo incertidumbre y miedo.

Se sufre por lo que amamos y el amor es constructivo por naturaleza. La manera de que ese sufrimiento no enferme nuestra vida física y espiritual es regresar a su raíz, convirtiéndolo en energía constructiva.

Reconstruirse a uno mismo sería la primera tarea y, por amor, buscar la manera de darle un sentido a ese dolor.

Es importante considerar que durante el proceso del duelo, después de cuidar a alguien de una enfermedad o días de angustia, quedan muchas deudas con el organismo: días y noches de vela, angustia, tensión nerviosa al máximo nivel, alineación deficiente, desgaste de la mente buscando respuestas, soluciones, afectando la salud, exponerse a todo tipo de enfermedades psicosomáticas que podrían convertirse en crónicas, como gastritis, colitis o ansiedad.

En las muertes inesperadas, la agresión mental y emocional recibida se compara con una explosión dentro del cuerpo, las descargas incontrolables de hormonas circulan por la corriente sanguínea e ideas encontradas y confusas laceran la mente, conduciendo a un desgaste físico y psíquico exagerado.

Hablar de la pérdida es sentir la ausencia de la convivencia, interacción o relación con lo perdido.

Si pierdo un ser querido, le lloro (por expresar una de las tantas reacciones).

Lloro la ausencia y vacío que se siente al ya no tener esa relación.

También se llora la ausencia de esa relación.

Y la sensación dolorosa de dejar de ser quien uno como persona es, partiendo de perder lo que se perdió, como ejemplo una madre al perder a un hijo ¿deja acaso de ser madre?

Por lo tanto, lo que se llora y lo que se pierde se necesita resignificar en un sistema abierto a la transformación y movimientos continuos que ofrece la vida.

¿Cuándo debería buscar ayuda?

Es importante acudir a un profesional médico, guía espiritual, responsables de grupos de apoyo o profesional de la salud mental cuando aparezcan síntomas como:

- Ansiedad, insomnio.
- Pensamientos recurrentes de culpa.
- Pensamientos de suicidio.
- Futurizar en negativo.
- Pensamientos destructivos.

- Intranquilidad o depresión prolongadas.
- Sensación opresión en el pecho.
- Ira contenida o incontrolada.
- Falta de concentración, dejar de ser funcional.

Acompañamiento

El acompañamiento nos muestra la adaptación que tarde o temprano nos hace renunciar a la extensión del sufrimiento provocado por la ausencia.

Además tiene la capacidad de armonizar al individuo con su entorno y establecer porcentajes de funcionalidad y disfuncionalidad desde la acción terapéutica ejercida, enfrenta la procedencia, pertenencia y trascendencia de su proceso, de acuerdo a Fernando Gómez que nos explica en sus postulados.

"Re" (volver a: recordar, reconocer y reconstruir).

Cuando uno se gana a sí mismo, no puede seguir la pérdida con el otro, porque no hay otro. Como ejemplo al experimentar la soledad, entiéndase por soledad a la carencia de compañía, por lo tanto, se deja de sentir solo sin estar solo.

No se experimenta la soledad en lo ganado, sólo se experimenta la soledad en lo perdido.

Cuando uno se aferra a no ser abandonado, más se abandona. Cuando uno se aferra a no experimentar la soledad, más solo está. Cuando uno se aferra a la libertad, menos libre es.

Cuando uno acepta el abandono, la soledad y la libertad, se gana a sí mismo.

Ayuda a la adaptación y encuentro de vías de desarrollo, por lo tanto, la Tanatología no puede morir, solo se transforma y ahora encuentra en la Tanatodinamia una forma más de procesar la muerte; es la contraparte, la polaridad y el complemento de la Tanatología para poder procesar las pérdidas.

¡No es posible la alegría del reencuentro, sin sufrir el dolor de la despedida!

La Tanatodinamia ayuda al desarrollo de la vida de la persona ante las pérdidas, su función es establecer una vía estratégica de adaptación, ofreciendo una opción de intervención, explora de manera formal el historial y las implicaciones que establecieron su forma de reaccionar ante las pérdidas. Así como observar la relación que el ser humano guarda con el entorno y la manera en que este último influye en su desarrollo ante las pérdidas, incluyendo a la muerte.

Transformando el dolor
Relación Tanatólogo-paciente

El beneficio de la Tanatología es tranquilizar, calmar y lograr aliviar el dolor que causa la muerte, la pérdida, la enfermedad y la desesperanza mejorando la calidad de vida del paciente, de su familia y del personal médico. Desarrolla tres áreas: cuidado clínico, educación y entrenamiento a los profesionales e investigación.

El tanatólogo tiene lugares para realizar su trabajo: como el hospital, casa del paciente o consultorio. Es importante destacar que el mejor lugar para la atención de un enfermo crónico o terminal es su casa.

Las acciones que el tanatólogo puede realizar: establecer empatía, ser sensible y humano; reconocer las necesidades del paciente, si ya está en agonía también necesidades de la familia; planear la estrategia a seguir como relajación, hipnosis, resolución de pendientes; hablar de sus necesidades y creencias; intermediación paciente-familia; manejo y expresión de temores; encuentro del sentido de vida.

Por otro lado, las características del tanatólogo son tener una actitud amorosa, acompañamiento, no invadiendo límites, el mejor lugar para llevar al agonizante es a su casa, disminuir internamientos de urgencia, estar al pendiente de que el enfermo obtenga necesidades básicas, ayudar a la cooperación familiar, mostrar la limpieza y aseo del paciente, movilización para evitar escaras y complicaciones pulmonares.

Finalmente, el objetivo de la Tanatología es mejorar la calidad, se refiere al nivel de satisfactores, nivel de funcionamiento, depende de cada persona el valor que le otorgue lo que considera como calidad de vida.

De acuerdo a la Organización Mundial de la Salud: la persona tiene derecho a vivir hasta su máximo potencial físico, emocional, psicológico, espiritual, social y ocupacional, ser tratado como un ser humano, independiente y alerta, expresar emociones y sentimientos, tener alivio al sufrimiento, ser atendido por profesionales sensibles, que no se le prolongue el sufrimiento, no morir solo; a morir sin dolor, morir con dignidad.

El recuerdo al amor prevalece en el corazón

Capítulo 3
El enigma de la muerte

La muerte es el misterio de la vida, la única certeza que tiene el ser humano. Por lo tanto, es probable que sea el mayor dolor que se pueda experimentar ante la pérdida de un ser querido. Envía a la separación del cuerpo y del alma tras un letargo profundo. No es más que un paso temporal. En este sentido, la muerte es en realidad, el día del nacimiento, la muerte señala el límite; pone fin al impulso de dominar la vida, sin importar la edad, religión, condición social, ni lugar; a cada uno le llega su momento de vida y de muerte.

Genera, incomprensión, miedo, angustia, amargura, inseguridad, impotencia, perplejidad, rechazo, desconsuelo, desolación, consternación, desesperación y un sinfín de aflicciones.

La fragilidad humana está ahí frente a nosotros, el problema del tiempo, la enfermedad, los desastres naturales, la guerra y lo inesperado.

La familia se debate entre… ocultar o dejar que el enfermo se entere.

Cabe mencionar que hay diferentes tipos de muertes.

- **Muerte de un embrión o de un feto:** al hijo que se concibió en la mente pero que nunca se materializó; soltería, celibato, preferencia sexual, o infertilidad.
- **Muerte anticipada:** resulta de una enfermedad fatal, el dolor es el mismo, pero quizás ayuda la preparación del proceso de enfermedad; quizás un duelo anticipado, pero no se deja de esperar el milagro, la señal de vida que devuelve la esperanza como cuando el cuerpo parece que se recupera y sólo era para tomar fuerzas y finalmente morir. El imaginar con terror cómo será el final.

  Los recuerdos invaden y se mezclan emociones entre el dolor, esperanza, triunfo, recaídas y la opción de quedarme con "fue valiente en su enfermedad". Muerte súbita: sin un síntoma previo en caso de un infarto cardiaco, un derrame cerebral, aneurisma. Hay otro tipo de muertes accidentales, los ataques al corazón y los homicidios, desastres naturales, accidentes fatales.
- **Muerte repentina:** un día estaba platicando, comiendo contigo y de repente el silencio llegó, quizás estar atrapado en el enojo, por la pregunta ¿por qué él? Otras ocasiones en la culpa por no decir tantas cosas que se pudieron decir, o se dejó de hacer. Y lo más complicado, ¿en qué fallé?
- **Muerte inesperada:** la agresión mental y emocional recibida se compara con una explosión dentro de nuestro cuerpo, las descargas incontrolables de hormonas circulan por nuestra corriente sanguínea e ideas encontradas y confusas laceran la mente, conduciéndonos a un desgaste físico y psíquico exagerado.
- **Muerte por suicidio:** posiblemente una de las expresiones más claras del sufrimiento, desesperación e impotencia del ser humano "suicidio" y "suicida" referirse a una conducta voluntaria.

Como objetivo ocasionar la propia muerte o forma de expresar o comunicar sentimientos la desesperación, el desamparo, la frustración.

La muerte de muchas ilusiones, sueños y expectativas, no se les da un trabajo de duelo adecuado.

Culturalmente nos enseñan respecto a la muerte: *Hay que temerle y respetarla. No hay que hablar de ella. Puede ser un premio o un castigo. Es mejor no invocarla.*

El amor es fuerte como la muerte. Los especialistas han definido el duelo como el proceso normal que sigue la pérdida de lo querido. Durante el duelo se sigue amando y es posible permanecer unido con el ser querido aún durante y después del duelo.

- Se lamenta la ausencia, la muerte del otro.
- Cuando se muere el esposo(a) se convierte en viudo(a).
- Al morir los padres se convierte en huérfano(a)
- Cuando se muere hijo… no tiene nombre.

No podemos dejar de lado la importancia de la religión para percatarnos de cómo influye en la conducta.

Con respecto al marco legal, saber que hay marcos normativos donde encontraremos derechos y obligaciones.

El niño frente a la muerte

Reaccionará de acuerdo a lo que se presente en su medio ambiente. Si la muerte fue repentina, violenta o lenta, es importante cómo es manejada la noticia para querer proteger al niño y que no sufra. Evitar que vea el dolor y no se angustie hasta tomar la decisión de aislarlo del lugar o se le ofrece un sustituto que actuará como distractor de la realidad, incluso se le puede confundir en la explicación que den de la muerte del ser querido. Ejemplo: *Tu abuelito ya estaba cansado y murió. Tú abuelita se quedó dormida.*

Dependerá de la edad, grado de apego si es alguno de los padres, hermanos, juguete, mascota, incluso cobija o cojín, etc. La educación o enseñanza cultural y religiosa, por ejemplo: *Tú abuelito se fue con Dios* o la actitud que ha aprendido y observado, como por ejemplo: tristeza, culpa por haberse enfermado debido a que es muy común que sea educado en el marco de referencia, por ejemplo: *Hace frío, tapate, si te enfermas,* tú tienes la culpa.

Pero qué sucede cuando el adulto tiene que batallar con sus creencias acerca de que la muerte de un niño(a) o hijo(a) es terrible. El niño se da cuenta de lo que pasa con el cuerpo, aunque quizá no sepan el significado sí lo sienten.

Es incorrecto fomentar al niño que si se porta bien se va al cielo, sino al infierno.

Ante lo que el niño vive le ayudará en la parte religiosa *"hay un dios bondadoso recibiéndote con los brazos abiertos".*

Pero si en la creencia no está Dios, tampoco tiene por qué sentirse abandonado.

La forma de decir la noticia al niño o como la conciba puede confundirse en las preguntas y las más comunes son: "si mamá o papá muere, ¿quién cuidará de mí?, ¿los hice enojar y se murieron?, ¿si me muero me voy con mi abuelito?". Dependiendo de las preguntas y cómo las canalice, las consecuencias serán: depresión, ansiedad, hiperactividad, enojo, culpa, un sentido de vulnerabilidad e inseguridad personal, problemas conductuales, trastornos del sueño, de la atención y concentración.

Es determinante la edad del niño ante las pérdidas y duelo. Para su grado de comprensión las variantes son:

En su primer año explorará su entorno y objeto que no está a la vista. No estará en la mente, sin embargo, distingue entre su madre y el resto de las personas.

A los 2 años empezará su proceso de separación e individualización.

Los niños tienen su pensamiento mágico y de fantasía que no pueden distinguir de la realidad concibiendo la muerte como "separación" de sus seres queridos o lo que tienen como apego, el dolor no es por largos periodos, pero puede ser intensa y temporal al mismo tiempo.

A partir de los 6 años pueden percibir la muerte como un castigo por las malas acciones apareciendo las consecuencias, religiosas, culturales y familiares; es la etapa donde se cuestionan lo que puede ocurrir después de la muerte. Es muy frecuente ver que en el duelo aparecen los sentimientos de culpa. Confunde la fantasía con la realidad.

De los 6 a 12 años tiene mayor habilidad para percibir la realidad, sin embargo, determina la culpabilidad dependiendo de la gravedad del daño provocado. Ven la muerte más en función de las causas y tienen mucho la curiosidad de ver qué hay después de la muerte. Aparece la culpa, ira contenida, odio, ansiedad, desorganización del comportamiento, trastornos del sueño, le falta de concentración, tensión, sentido de vulnerabilidad, aislamiento, inseguridad, problemas de conducta y trastornos disciplinarios por sentir que pudo tener algo que ver con la muerte; por ejemplo, que sus padres discutan por su escuela y alguno enferme y muera.

Si el niño queda atorado en la pérdida se corre el riesgo de que el niño deje de crecer psicológicamente y se comporte como un niño más pequeño.

La reacción ante la muerte de un hermano va desde ninguna respuesta hasta la presencia de pesadillas, agresiones y problemas somáticos. Se puede presentar deficiencia en el rendimiento escolar, ansiedad, depresión, preocupación por la responsabilidad, sentimiento de culpa, resentimiento con los padres por pasar mucho tiempo con el hermano, temor de que mueran los padres y que ellos mismos mueran, fantasías recurrentes hacia la muerte.

El adolescente frente a la muerte

Puede afrontar en mejores condiciones la consecuencia del fallecimiento, dependerá del desarrollo emocional, la edad que se tenga, la calidad de sus relaciones personales y el grado de madurez. Al sentirse aislado, confronta y destruye los valores de su grupo de procedencia familiar, de forma violenta, con tal de sentirse libre.

Síntomas a considerar con un adolescente: depresión, alteraciones del sueño, alteraciones alimenticias, impaciencia, baja autoestima, cambios bruscos en el rendimiento escolar, deterioro de las relaciones familiares o con los amigos. Conductas destructivas: abuso del alcohol y otras drogas, peleas, relaciones sexuales sin medidas preventivas, negación del dolor y alardes de fuerza y madurez. Con frecuencia suele hablar del ser querido en forma de idealización, en ocasiones suele consultar al médico por cualquier dolor en la búsqueda de que se les tranquilice acerca de su salud, quizás hasta la sustitución del ser amado desaparecido. Inclusive disparador de una personalidad complicada en la vida adulta. Sin embargo, ante su propia muerte tiene la esperanza de curación.

Con el adolescente hay que trabajar la alteración de su vida personal, su sexualidad, proyecto de vida, desesperación y rabia ante esta realidad.

El adulto frente a la muerte

Sus pensamientos se deben más a factores personales, sociales y culturales. Por ejemplo: perder el empleo, la muerte repentina del cónyuge, contraer una enfermedad grave. Estos hechos producen gran estrés y exigen una reorganización de la vida personal y social del individuo, la adultez la podemos dividir en tres fases:

- Joven 21 a 35 años.
- Adulto medio 36 a 45 años.
- Adulto maduro 46 a 60 años.

Como adulto es importante tomar conciencia sobre lo que significa morir. *Momento ilógico, llega cuando no se le quiere*

- Instante de trascendencia y dar sentido a la vida (cambiar de un estado a otro).
- Proceso que inicia desde que nacemos, desde el cordón umbilical al nacer respiramos, al morir dejamos de respirar.
- Período de separación del cuerpo y la mente.
- Tiempo caracterizado por la ausencia de signos vitales.
- Fin de la vida.

Los síntomas más frecuentes que se presentan en el adulto son: cambios en el estado de ánimo, modificación en los hábitos alimenticios y del sueño, consumo de sustancias adictivas de forma compulsiva, aislamiento social, pensamientos negativos e ideas recurrentes de muerte, conductas y comportamientos que al realizarlos ponen en peligro su vida, etc.

La vejez frente a la muerte

Necesita un acercamiento con su espiritualidad y la definición de sus creencias. Presenta las siguientes crisis: envejecimiento, la fatiga y el cansancio. Personas significativas empiezan a morir, hay disminución de facultades físicas y mentales, considerando como todas las modificaciones morfológicas, fisiológicas, bioquímicas psicológicas, sentirse solo o desolado, al sufrimiento y la cercana posibilidad de la muerte. Si la evolución hacia la vejez es armoniosa encontraremos a un anciano lleno de sabiduría, calmado, sereno y con sentido existencial.

MIEDOS MÁS FRECUENTES:
- Perder a su ser querido
- Verlo sufrir, ellos están (sedados), tú no
- Sentir temores, incertidumbre
- No poder ayudarlo
- No poder estar cerca de él
- No actuar de manera correcta
- No poder decir la verdad
- Insuficiencia económica para pagar
- Futuro impredecible
- Soledad
- Desamparo
- Que el tratamiento no sea adecuado
- Demostrar sus temores
- No ser lo suficientemente fuerte
- No poder participar en el cuidado de su enfermo.

Los miedos del adulto se transmiten a los hijos

En el misterio de la vida/muerte se tiene miedo a morir, entonces la invitación es pensar mejor en vivir, así como el despertar es el fin del dormir, no es la muerte, sino el temor a la muerte. "Aprender a no tener miedo del propio miedo".

Una luz entre tinieblas de dolor suele encontrarse en Dios. Sin embargo, queremos una explicación al dolor. El sufrimiento a pesar de todo abre la esperanza, tiene su trasfondo en la fe.

Manifestaciones emocionales:

Dificultad para comprender

Ansiedad: inseguridad hasta un ataque de pánico

Ira contenida, efecto natural de toda ausencia

Negación: intentos de persistir la relación, es normal la fantasía de "objetos de atadura"

Autorreproche: actos insignificantes, como castigo.

Culpa: consuelo de que sea la muerte de otro la que se ha producido y no la propia, hasta manifestaciones de que ellos deberían haber muerto y no el ser querido.

Fenómenos de personalización: adoptar rasgos, cualidades, gestos, características, peculiaridades de la persona amada.

Sensación de presencia del fallecido: provoca ilusiones o alucinaciones, oír la voz de la persona amada hasta sentir su presencia.

Es importante el desarrollo de estrategias para ayudar a un individuo a enfrentarse a una pérdida.

Según Worden, en primer lugar, debe aceptarse la realidad de la pérdida, para posteriormente trabajar las emociones y el dolor de la misma. Adaptarse a un medio en el que la persona perdida esté ausente (3 meses después) y finalmente, recolocar emocionalmente al fallecido y continuar viviendo.

**Dolor aún sin palabras lastima emocional
y físicamente ante una pérdida**

Capítulo 4
Dolor

En la Asociación Internacional para el Estudio del Dolor se definió el dolor como "una experiencia sensitiva y emocional desagradable, asociada a una lesión tisular real o potencial". La percepción del dolor consta de un sistema neuronal sensitivo (nociceptores) y unas vías nerviosas aferentes que responden a estímulos nociceptivos tisulares; la nociocepción puede estar influida por otros factores, síntomas físicos, problemas psicológicos, sociales, culturales y conflictos espirituales.

Es importante saber y estar conscientes que el dolor a la vida puede ser muy similar al dolor a la muerte, pero ese dolor puede durar poco si resignifico o logro sustituirlo por otro sentimiento.

El consuelo o la fe de estar mejor en otro plano con un ser divino, con un creador que quitará ese dolor.

Para una correcta valoración del dolor es conveniente conocer varias cuestiones como su variación temporal (agudo, crónico), patogenia, intensidad.

Variantes del dolor

Se clasifica en diferentes tipos de dolor, la podemos hacer atendiendo a su duración, patogenia, localización, curso, intensidad, factores y pronóstico de control del dolor.

Según su duración puede ser agudo o crónico.

Agudo: generalmente el dolor empieza repentinamente y es de corta duración. Dolor intenso puede causar taquicardia, aumento de la frecuencia respiratoria y de la presión arterial, sudoración y dilatación de las pupilas, con escaso componente psicológico. Ejemplos lo constituyen la perforación de víscera hueca, el dolor neuropático y el dolor musculoesquelético en relación a fracturas patológicas.

Crónico-Ilimitado en su duración: se define persistente que dura varios días, semanas o más. Se acompaña de componente psicológico, es el dolor típico del paciente con cáncer.

Según su patogenia, es decir sus causas, procesos y desarrollo de la enfermedad.

Neuropático: está producido por estímulo directo del sistema nervioso central o por lesión de vías nerviosas periféricas. Se describe como punzante, quemante, acompañado de parestesias y disestesias, hiperalgesia, hiperestesia y alodinia. Son ejemplos de dolor neuropático la plexopatía braquial o lumbo-sacra post-irradiación, la neuropatía periférica post-quimioterapia y/o post-radioterapia y la compresión medular.

Nocioceptivo: es el más frecuente y se divide en somático y visceral.

Psicógeno: interviene el ambiente psico-social que rodea al individuo. Es típico la necesidad de un aumento constante de las dosis de analgésicos con escasa eficacia.

Somático: se produce por la excitación anormal de nocioceptores somáticos superficiales o profundos, causa adoloramiento o dolor mordiente, causados por metástasis óseas, el postquirúrgico en la incisión y el músculo esquelético.

Dolor localizado, punzante y que se irradia siguiendo trayectos nerviosos. El más frecuente es el dolor óseo producido por metástasis óseas, el tratamiento debe incluir un antiinflamatorio no esteroideo (AINE).

El dolor por desaferenciación: depende de las lesiones, sistemas nerviosos periféricos, como consecuencia de la compresión o inflamación de nervios periféricos o de la médula espinal, por el temor o traumatismos o lesiones químicas a nervios periféricos provocados por cirugía, radiación o quimioterapia por cáncer.

Visceral: se produce por la excitación anormal de nocioceptores viscerales. Este dolor es continuo y profundo en "apretón" y de "presión", causado por infiltración, compresión, distensión o estiramiento de vísceras, se puede acompañar de náuseas y vómito. Asimismo, puede irradiarse a zonas alejadas al lugar donde se originó. Frecuentemente se acompaña de síntomas neurovegetativos. Por ejemplo: dolor visceral; los dolores de tipo cólico, metástasis hepáticas y cáncer pancreático. Este dolor responde bien al tratamiento con opioides.

Continuo: persistente a lo largo del día y no desaparece.

Irruptivo: exacerbación transitoria del dolor en pacientes bien controlados con dolor de fondo estable. El dolor incidental es un subtipo del dolor irruptivo inducido por el movimiento o alguna acción voluntaria del paciente.

El dolor iatrogénico por irradiación es un dolor multifactorial que precisa un tratamiento adecuado para evitar en lo posible las alteraciones en los esquemas terapéuticos propuestos. Son necesarios fármacos que disminuyan la toxicidad de los esquemas de tratamiento que incluyan un tiempo de irradiación.

Según la intensidad, o el curso son:

Leve: puede realizar actividades habituales.

Moderado: interfiere con las actividades habituales. Precisa tratamiento con opioides menores.

Severo: interfiere con el descanso. Precisa opioides mayores.

Dolor superficial, punzante, quemante profundo opresivo

Las variables de dolor biológico como son las arriba mencionadas son importantes poner atención y evitar que agrave el síntoma.

Dolor familiar: como hay sentido de pertenencia, "mi" hijo, padres, hermanos, etc., se maximiza y en estos casos la comunicación asertiva donde lo que se piensa se siente y se actúa ayudará incluyendo la escucha activa que apoya a tener empatía en lo que se quiere comunicar sin juzgar, de esta manera al hablarlo se va sanando.

Dolor social: debido a su forma de ser o pertenecer es necesario transformar de forma benéfica esos sentimientos como odio, apatía, miedo, etc.

Dolor psicológico: las emociones juegan un papel muy importante que tiene que ver con expectativas, esperanzas o dependencias emocionales. El confrontarlas, ayuda a separar miedo, enojo y tristeza para establecer límites y lograr ser funcional recuperando identidad, confianza amor y seguridad en uno mismo.

Dolor espiritual: la fe, confianza y el apoyo espiritual alivian el dolor del alma.

El dolor del tiempo: muchas ocasiones nos encontramos atorados en el pasado ocasionando dolor y superarlo es complicado porque se basa en los recuerdos que sostienen la necesidad de no sentir la ausencia o la pérdida, mientras si se habla del futuro irónicamente puede ocasionar un dolor basado en lo irreal porque no tengo la certeza si pasará.

Sin embargo, al hablar del dolor anímico es preciso poder identificar el estado emocional para poder investigar cómo controlar el dolor y evitar una posible somatización.

De tal manera que el dolor es una sensación que afecta a nuestro cuerpo en forma localizada y definida. Es un displacer corporal localizado que da como resultado una experiencia sensorial y emocional desagradable asociada a un daño físico existente o potencial que tiende a ceder ante la pastilla química o emocional... *Cuando reconoces tú dolor del alma.*

¿Y tus dolores callados? ¿Cómo hablan en tu cuerpo? La Enfermedad no es mala, te avisa que... ¡¡¡te estás equivocando de camino!!!

Nelson Torres, Doctor en Psiquiatría (UCV) y experto en Psico-neuro-inmunolingüística, dice: *"EL CUERPO GRITA, LO QUE LA BOCA CALLA".*

"La enfermedad es un conflicto entre la personalidad y el alma", Bach.

Dolor es adicción - El sufrimiento es psicológico espiritual (cultura).

En toda pérdida hay ganancia y encontrar esa ganancia del dolor nos lleva a estar en contacto con los sentimientos y el vacío que dejó aquello que ya no está.

(Quizás mi valor) hija-huérfana.

El dolor es silencioso y solitario (culpa).

Con el dolor se acepta la muerte y se trasciende.

Nos DUELE CUERPO Y ALMA porque el ser humano es uno solo y el dolor que aflora con la PÉRDIDA y la muerte sacude al ser humano en todo su ser.

Hay un gran dolor que lo genera la angustia causada por no encontrar algo valioso.

El shock producido por la mala noticia donde lo primero que se pierde es la tranquilidad oprime el pecho; produce fuertes dolores de cabeza, vacío en el estómago, opresión en la garganta, sequedad de boca; altera y provoca trastornos del sueño; altera el apetito.

Clasificación del dolor

- Físico (cuerpo)
- Nociceptivo somático visceral (químico, físico, biológico)
- Neuropático central periférico

- Anímico: se presenta cuando es quebrantada la escala de valores (del alma) incluye: religioso, estético, moral o ético, económico

Diferentes tipos de dolor:
- Psicológico: duele la personalidad
- Biológico/físico: duele el cuerpo
- Espiritual: duele lo que se quiere, piensa y piensa
- Social: duele cómo es visto (crítica, rechazo, culpas)
- Anímico: duele el alma

¿Cómo proceder ante el dolor?

Dolor físico del cuerpo: tratar la causa, mejorar con el deporte, la comida y el descanso con un buen dormir, invita a reflexionar sobre qué me dice "mi" cuerpo (gripe, colitis, gastritis, neumonía, etc.)

Dolor anímico del alma: la esperanza, vivir solo al día es el goce actual (ayuda); el dolor no es un mal en sí mismo, es un aviso que me invita a la reflexión de qué es lo que pienso cuando pienso que repercutirá en la emoción. Ejemplo: al futurizarlo en negativo se siente enojo, al pensarlo es muy probable que el síntoma que se genera será ansiedad.

Cuando en el interior hay dolor por los recuerdos, grita la actitud al exterior provocando un síntoma. Por ejemplo: dolor de cabeza, muscular, etc.; la actitud es probable que sea irritabilidad o sensación de ansiedad.

El sufrimiento produce preguntas profundas y existenciales. La pastilla emocional es un analgésico que se puede generar unidos en familia y la comunicación como base para lograr la confianza, estabilidad y amor que dé seguridad en sí mismo.

¿Hay dolor en la muerte natural?

Al comprender que el dolor es un mecanismo de alerta que el cerebro indica al individuo la posibilidad de daño inminente o manifiesto, de mal funcionamiento del propio organismo, está encaminado para que el individuo considere esto y busque auxilio.

La muerte "natural" cuando la persona fallece, simplemente su corazón y sus pulmones dejan de funcionar ocasionando un paro cardio-respiratorio. Al detenerse el bombeo de la sangre, también se detiene la irrigación al pulmón, y por ende la respiración, mecanismos que nos mantienen con vida, y entonces todos los demás sistemas se apagan. Si todos los sistemas se apagan no puede haber sensaciones de ningún tipo, ya que es en el cerebro donde están los centros que informan al cuerpo que hay dolor. Si no hay una enfermedad que produzca dolor, no tendría por qué haber dolor -teóricamente- durante esos segundos al morir; es una sensación de sueño profundo y caída en un espiral de luz.

El dolor en caso de enfermedad sería antes de morir, pero no al morir. Estudios acertados dicen que el cerebro está programado para bloquear el dolor grave (asfixia, quemadura), aproximadamente a los 30 segundos se bloquea, ya no se siente nada.

Ganancia del dolor es estar en contacto con los sentimientos y el vacío que dejó aquello que ya no está (quizás mi valor) ante la pérdida de padres y el sentirme como hija-huérfana

El dolor es silencioso y solitario, puede generar culpa, con el dolor se acepta la muerte y se trasciende.

Factores que provocan el dolor

En el duelo el dolor producido es TOTAL (toda la vida duele), el dolor es genuino, real, intenso sin pastilla que lo pueda calmar, solo un paliativo que dan para dormir y no sentir, no pensar, pero al despertar ahí está recordando lo que ya no se tiene, lo que se perdió. Se necesita entender que es un proceso, no una enfermedad que al ir al médico se resolverá, incomparable al dolor de cabeza, fractura, intestinal, quemadura, post operatorio o de cualquier otro dolor severo.

Ante el duelo y enfermedad, la pérdida de una persona amada produce un estrés desmesurado, agotamiento físico y emocional intenso cuyas ramificaciones orgánicas y psíquicas (en el cuerpo y la mente) han sido objeto de numerosos estudios. Está demostrado que el estrés produce cambios en la presión arterial y en la frecuencia cardíaca, además, enfermedades infecciosas, inflamatorias y auto-inmunes; de igual forma, se sabe que el duelo predispone a exacerbaciones de las enfermedades previas y pone a los parientes en el mayor riesgo de complicaciones de enfermedades previas, o aparición de algunas nuevas.

Fisiológicos

Intervienen para producir un mayor riesgo de enfermar como consecuencia de una pérdida:

Ignorar los cambios y síntomas que se van presentando como no lograr dormir, pensamientos de angustia, sensaciones dolorosas como la incredulidad, inquietud, pensamientos recurrentes que llevan a la culpa/castigo.

Cambios en las rutinas de la salud (abandonan los hábitos previos y se van abandonando).

Desidia ante signos prematuros de enfermedad (la persona no le presta atención o en su código de creencias piensa que es parte de lo normal que está viviendo).

Manejo inapropiado o descuido de enfermedades previas como diabetes (azúcar en la sangre) hipertensión arterial (presión alta), etc.

Ausencia del cuidado que se solía tener.

Emotivos

En cuanto al dolor psicológico, ayuda a recordar lo más detalladamente posible la vida con el ser perdido. La necesidad de enfrentar la dinámica como cuestionarse qué se hará con sus pertenencias, fotografías, visitar donde se solía estar con el ser amado. Tiene como propósito ayudar a continuar, separar y establecer los límites apropiados que se diferencien del ser querido confirmando así la identidad personal y recuperar la confianza en uno mismo. De esta manera, evita perderse con la muerte del ser querido.

Al generar sentimientos, el estrés prolongado, la culpa, la ira contenida, los miedos, la sensación de rechazo, la irritabilidad, soledad, desesperación, ansiedad, angustia, el odio, el sentimiento de alivio por la terminación de una relación complicada, el buscar a la persona en lugares familiares, sentir su presencia, soñar con él o ella, la incredulidad y la negación, la frustración, los trastornos del sueño, el miedo a la muerte, las ganas de estar solos, la impaciencia y el afán porque todo termine, el cansancio y la fatiga, el repaso continuo de lo que sucedió, el desamparo y la impotencia son sentimientos normales durante el duelo. Reconocerlos y expresarlos en compañía de los seres queridos disminuye el dolor y la incapacidad ante la pérdida.

El sufrimiento maximiza el dolor, sufrir es hacer crónico el dolor y la pregunta ¿por qué a mí? está asociada al dolor psicológico, surge en la mente, y no en la realidad, es una fantasía, participan varios pensamientos negativos que afectan el comportamiento, las emociones y concentración.

Tiene un vínculo en el cuerpo a través de la sed o incluso la pérdida de conciencia, sensación, consciente o inconsciente.

Se manifiesta en padecimiento, agotamiento físico y emocional, infelicidad y vacío existencial, aparecen los cuestionamientos, pensamientos destructivos, los miedos, ira, pena, frustración ansiedad, dolor espiritual, sensación de que Dios abandona los deseos y esperanzas que exige cada persona. Por mecanismo de defensa lo que se quiere evitar es el sufrimiento, sin embargo es inevitable por ser inherente a la vida.

Hay factores causales como:

- Por la pérdida de un ser querido
- Por un amor perdido o no correspondido detonante… "Suicidio"
- Por celos y envidias
- Por frustraciones, desilusiones e injusticias
- Por errores cometidos, sentimientos de culpa
- Por enfermedades somáticas y psíquicas
- Por un vacío existencial, etc.

Cómo se traduce el sufrimiento:

- Angustia: amenaza integridad
- Tristeza
- Melancolía
- Soledad
- Aburrimiento existencial - apatía a la vida
- Pena
- Temor
- Depresión
- Desesperación (sin esperanza)

Sintomatologías

El cuerpo humano es una máquina biológica compuesta por más de 10 trillones de células con una complejidad bioquímica, genética, fisiológica y psicológica. Mediante sus órganos y tejidos procesa y almacena experiencias físicas, emocionales, creencias, sueños, fantasías; que a la vez generan conductas y transmiten pensamientos a las demás personas en su mayoría no verbales, que son reflejo de la personalidad. Ver, tocar, escuchar, oler son sentimientos y emociones; son vivencias corporales humanas con distintos niveles de conciencia.

Es importante considerar que, durante el proceso del duelo, después de ser cuidador principal en una enfermedad aunado a días de angustia, o simplemente al escuchar la noticia de la pérdida, quedan muchos conflictos con el organismo: días y noches de vela, angustia, tensión nerviosa, estrés al máximo nivel, alimentación deficiente, desgaste de la mente buscando respuestas afectando la salud.

Síntomas ante las pérdidas, por mencionar algunos: incredulidad, confusión, inquietud, oleadas de angustia aguda, pensamientos que se repiten constantemente y que no se logran quitar de la cabeza, boca seca, debilidad muscular, llanto, temblor, problemas para dormir, pérdida del apetito, manos frías y sudorosas, náuseas, diarrea, bostezos, palpitaciones o mareos.

Es necesario reconocerlas, expresarlas y hablarlas con los familiares, amigos o especialistas. Abordar el dolor ayudará a ejecutar las actividades necesarias para favorecer su alivio.

Por los falsos códigos de creencias, culpa y efecto cultural, se ignora la atención a la condición corporal del organismo, lo subestima la justificación. Es porque se necesita concentrarse en el trabajo y atender a otras personas, todos menos a uno mismo. La atención va en función de lo que sucede fuera del organismo, desconocer impulsos, sentimientos y emociones, logrando acumular estrés, tensiones y malestares emocionales hasta enfermedades psicosomáticas. Por ejemplo:

Aparece una disfunción orgánica, se origina por un exceso de tensión nerviosa; característica de persona que asume una fuerte responsabilidad.

Hay personas que se presentan ante los demás como una persona fuerte, madura y responsable; manifiesta que ha superado las emociones como el miedo, cólera o la ansiedad y lo marca en su autoconcepto, mientras que esas emociones que no puede asumir en su mundo consciente se expresan mediante enfermedades; es un hábito no aceptado en la conciencia.

Las enfermedades psicosomáticas se pueden convertir en crónicas, como gastritis, colitis o ansiedad. Los remedios comunes contra la úlcera o dolor de cabeza son únicamente paliativos y trae consecuencias secundarias.

Los problemas somáticos no vienen solos, invita a las perturbaciones psicológicas que son provocadas por padecimientos en el organismo: problemas estomacales. No digerir ideas, pavor miedo a lo nuevo.

Somáticas: piel, cuero cabelludo, parálisis facial.

Aparece como resentimiento, envidia, sentimiento de inferioridad, actitudes de reto autoafirmativo lo lleva a perturbaciones, relaciones interpersonales y desadaptación social.

Al presentar estados somáticos graves, los rasgos clínicos que Bellak presenta de una manera esquemática son 5 tipos de respuesta ante una enfermedad o incapacidad:

Una reacción "normal" a una angustia o depresión, que sin embargo pronto se disminuye y se convierte en una preocupación aproximadamente proporcionada al grado real de la enfermedad o de la incapacidad.

Una reacción evasiva que se expresa en una negación de la enfermedad; una actitud de imperturbabilidad que suele acompañarse por un exceso de actividad y de alegría falsa. Esta actitud con frecuencia se convierte en una depresión con angustia y se manifiesta en una desobediencia a seguir las instrucciones del médico.

Una depresión reactiva que puede prolongarse y que implica hipocondría.

Una canalización de todas las ansiedades ya existentes al nuevo foco de preocupación. Algunas veces estos pacientes que por lo general son personas perturbadas abandonan sus manifestaciones anteriores de perturbación que eran más difusas y por lo tanto parecen ser más dóciles.

La invalidez psicológica, por ejemplo, cuando un paciente que físicamente es capaz de funcionar tanto social como ocupacionalmente desarrolla temores, síntomas o actitudes que lo incapacitan.

Tales manifestaciones se pueden observar en algunos pacientes que solo han padecido enfermedades menores; sin embargo, donde sí aparecen en su expresión máxima es en aquellos que han padecido enfermedades orgánicas graves o incapacidades serias entre las cuales se encuentra el cáncer, padecimientos cardiacos, tuberculosis o amputaciones.

Separación definitiva de un ser querido o una forma diferente de estar juntos

Capítulo 5
Pérdida

Partiendo desde lo que se pierde

¿Qué es la pérdida?

Menciona Bowly (1980) que "La pérdida es una de las experiencias más dolorosas que un ser humano puede sufrir".

La pérdida se refiere a cualquier vínculo emocional, la experiencia de haber tenido "algo" que ya no se tiene, hijo, pareja, mascota, amigo, familiar, trabajo, salud, etc.; son las manifestaciones de dolor o resistencia que se presentan de múltiples maneras, si es corporal se refiere al deterioro físico amenazador, sea por una enfermedad que afecte la minusvalía, enfermedad crónica, o degenerativa sin posibilidad de rehabilitación, una amenaza real a la integridad física. Así mismo a cualquier ausencia, daño o privación que afecte los recursos personales, materiales o simbólicos.

La reacción ante las pérdidas dependerá de cómo fue provocada. Por ejemplo: por muerte debido a la enfermedad, homicidio, suicidio, pérdida de un miembro, discapacidad, destrucción del hogar, las propiedades o la carrera profesional, desastres naturales como huracanes, terremotos, tsunamis, generadas por la disolución de matrimonios, amistades y otras relaciones íntimas como infidelidad, divorcio, violación, etc.; puede verse agravado por la apatía, indiferencia, incomprensión, el sentimiento de culpa haciendo aún mayor la carga de angustia.

De diversas maneras se puede quedar atorado en el ciclo de duelo; estos resultados negativos en los casos de pérdidas traumáticas (por ejemplo, las que implican daños en el propio cuerpo, como los ataques físicos o las violaciones, incluyendo muertes provocadas por efectos del alcohol).

En el caso de la muerte de un hijo, que priva a sus padres y hermanos no solo de su presencia, sino también del futuro que esperaban dificultando la adaptación.

¿Qué pierdo cuando pierdo?

Perder lo adquirido es sentimiento de abandono o desamparo donde se manifiesta como un proceso natural y necesario. Genera una adaptación instintiva, involuntaria e inconsciente. Sentir la indiferencia, el despojo y descuido hace que el proceso provoque el deseo y la voluntad de conocer el entorno para satisfacer el desenvolvimiento y lograr la adaptación, es decir, conseguir el dominio de la vida, como ejemplo: la madre es la pérdida heredada y el padre una pérdida adquirida.

¿Qué se pierde al perder el cordón umbilical? Se pierde seguridad, y la necesidad de sentirse acompañado en una zona confortable, mientras que salir del útero y cortar el cordón umbilical implica un reto fisiológico adaptativo para aprender a tomar y transformar la vida del entorno.

Habrá que recordar que la ausencia de un ser querido genera un doble duelo. En principio la ausencia física del otro y en segundo lugar, la ausencia simbólica del yo en el otro, es decir, lo que representaba mi padre, "mi seguridad y apoyo, por lo tanto genera un antes, durante y después con lo que pierdo.

La pérdida en adolescentes se experimenta en intensos sentimientos de ira, culpabilidad o traición en sus rupturas sentimentales, en ocasiones hasta el punto de llegar a deprimirse notablemente.

Este proceso de "desprendimiento" suele ser gradual, evidenciando más a nivel conductual.

La pérdida de los cónyuges cuando su relación está fracturada necesita encontrar maneras pacíficas y cooperativas de comunicación, evitar el sabotaje por el resentimiento incluso la guerra de "egos". Al decidir uno de los cónyuges irse, será útil conservar objetos significativos, en lugar de deshacerse de ellos. Al final los dos requieren elaborar el duelo, suele estar marcado por la culpa en la persona que inicia la ruptura y por la ira en la que se siente traicionada, ignorada o desplazada.

La pérdida del rol laboral enfrenta a una serie de factores estresantes. Aparecen de manera espontánea (y a menudo inesperada) a raíz de accidentes laborales, despidos o jubilaciones anticipadas, se sienten traicionados y minimizados por una pérdida que no se ve compensada por ningún beneficio. Las pérdidas laborales hacen que aparezcan patrones de duelos que nos resultan familiares. Los "despidos" suelen ir acompañados por la ira y el descaro, hasta sentir que la decisión es injusta. Al no conseguir elaborarlos de una manera constructiva, esos sentimientos pueden despertar factores estresantes económicos hasta terminar saboteándose. Una transición crítica del ciclo vital se queda con una sensación de ser insuficiente afectando la seguridad y baja autoestima que se ve reflejado en los niveles de ira, depresión, ansiedad y en el riesgo de la aparición de violencia interpersonal, la situación puede parecer cada vez más desesperada, los desempleados pueden llegar a pensar que los demás estarían "mejor sin ellos".

Pérdida del rol del ama de casa. Es devastadora, por lo tanto el duelo por la pérdida de su rol como esposa, en su labor doméstica, administradora del presupuesto familiar y organizadora social que había sido fundamental no solo para su propia identidad, también para su autoestima, genera como consecuencia irregularidad emocional.

Pérdida financiera. Por lo regular es posible que no se vea una salida clara, los miedos y la sensación de minusvalía hacen que el enojo y ansiedad estén presentes.

Pérdida por robo es una experiencia que, al sentir el despojo de las posesiones, la frustración y la incapacidad de defensión afecta emocionalmente, también suele profundizar las creencias y presuposiciones que habían sido hasta ese momento los elementos de seguridad.

Pérdida de la mascota ocasiona tristeza, culpa y confusión, hay adultos que intentan minimizar el impacto de la pérdida sin conseguir aliviar el dolor.

Pérdida de domicilio. Es probable que se generen apegos a espacios como la recámara, amigos, vecinos que se ven como familia, inclusive los negocios donde se concibió amistad, recuerdos, etc., tienen un impacto a corto, mediano y largo plazo si no se logra negociar el bienestar en el domicilio al que se llegará.

Pérdidas escolares. Por cambio de ciclo escolar o cambio de domicilio pueden generar incertidumbre y baja autoestima, hasta cierto punto las pérdidas suelen verse compensadas por las nuevas posibilidades de aprender y relacionarse con nuevas amistades.

Pérdida presente ausente o ausente presente. Cuando el ser querido está físicamente, pero ausente psicológicamente por una enfermedad o adicciones. Cuando el ser querido está ausente pero presente como en un secuestro o desaparecido. La esperanza está presente ante un cambio o aparición, sin embargo, la ira, culpa o sensación de estarlo abandonando hacen acto de presencia, no sólo se pierde al ser querido sino también como miembro del sistema familiar.

Pero cuando se pierde la seguridad, tranquilidad, bienestar, autoestima, sueños, ideales y añadiría fantasías, el sentimiento es destructor ante la victimización y la supervivencia involuntaria, donde la apatía, negatividad y pesimismo hacen acto de presencia, surgen las enfermedades, tragedias y desgracias, como resultado de no haber madurado el proceso de pérdida con lo que se decide hacer ante lo que se pierde.

Variantes de pérdidas

Autoestima
- Respeto
- Seguridad a ti mismo
- Valor
- Confianza
- Fe

Seguridad
- Tranquilidad
- Estabilidad
- Salud

Material
- Casa
- Objeto Valiosos
- Carro
- Celular
- Videojuegos

Amor
- Hermano (a)
- Padres
- Familiar
- Mascota

Social
- Amiga (o)
- Comadre
- Compañera (o)
- Escuela

Externos
- Robo
- Accidente
- Secuestro
- Cárcel

Física
- Salud
- Vista
- Embarazo
- Extremidad (brazo)
- Quemadura

Expresar emociones y sentimientos

Si consideramos lo que Freud decía, existe un estado de ánimo doloroso, una pérdida de interés por el mundo exterior, pérdida de la capacidad de amar (empobrecimiento, anímico), la melancolía incluye el duelo; la pérdida de la autoestima se convierte como autorreproches.

La pérdida emocional se traduce como el abandono de la limitación materna, es el primer proceso sustitutivo, surge del reconocimiento fisiológico y emocional de la madre por medio de la herencia. Es la madre quien se encarga de establecer la primera resolución de la pérdida.

Dentro de la parte psicológica se refiere al proceso que vive un ser humano ante la pérdida irreversible de la memoria, la razón o emocionalidad. Por esta razón, si se evita y evade para mitigar el dolor o cualquier sentimiento que afecte, puede retrasar o alargar el duelo.

Cuando la razón se adueña de todas las emociones y por ende de las sensaciones, alcanza la extensión psicológica donde el imaginario juega un papel muy doloroso y no puede anularse sin pagar la cuota de la simulación o lo que se fantasea.

La muerte no es la mayor pérdida sino lo que muere dentro del individuo.

Experimentar la pérdida y ser testigo de ella mueve emociones y enfrenta a sensaciones desagradables como la impotencia para poder ayudar o disminuir el dolor y sufrimiento. Saber que lo único que da verdadero consuelo es el retorno de la persona.

Dependiendo del grado de apego y de separación, la tristeza y dolor puede alargarse por más tiempo.

El proceso emocional, cognitivo, social, familiar, laboral, espiritual y cultural redefine metas y objetivos, enfatiza la reconstrucción del individuo dentro de su contexto de vida.

No es extraño que un individuo que ha sufrido una pérdida desee la muerte, ya sea para aliviar el insoportable dolor que siente o para unirse a la persona desaparecida en un mundo mejor.

Uno mismo se pierde en el otro, hasta terminar con el rol que se tenía en presencia, es decir, la mujer se vuelve viuda y lo que pierde es su seguridad que le daba el esposo(a).

Es la ausencia del "YO" que fue para el otro. Cuando una madre pierde a su único hijo, también pierde su maternidad, cuando una persona pierde su trabajo, pierde la condición de ejercer su profesión. Cuando una mujer pierde un seno, pierde lo que había significado esa parte de su cuerpo, capacidad nutricia, maternidad, expresión sensual, etc.

En las pérdidas también se pierde lo simbólico. Por ejemplo, no sólo se pierde el trabajo, también se pierde la economía, el estatus, el poder que da el puesto de empleo, la persona establece la pérdida del significado, por lo tanto se pierde la ausencia de socialización, vinculación o interacción con lo de afuera.

Bowlby en un estudio que hizo sobre un duelo no procesado debidamente con Carlos Darwin cuando era pequeño correlacionando la ausencia de duelo dio como resultado la relación con los frecuentes malestares físicos (problemas gastrointestinales, astenia, palpitaciones etc.) y psicológicos (depresión, ansiedad, baja autoestima) que le aquejaron durante casi toda la vida.

La necesidad de la elaboración del duelo y la pérdida requiere la atención a los sentimientos de tristeza, desolación, añoranza, nostalgia y ansiedad.

La importancia de resignificar la pérdida es entender que no se pierde lo ganado, sólo se pierde lo perdido. La adaptación tarde o temprano hace renunciar a la prolongación del sufrimiento provocado por la ausencia.

Se puede decir que el objetivo ha cubierto su meta toda vez que la persona ausente ya deje de estar presente obsesivamente en los recuerdos, obteniendo por un lado la sensación de plenitud por haberlo compartido y por otro descargar las emociones ligadas al discurso o lo representativo, haciendo con esto más adaptable la conducta a las nuevas condiciones de vida.

El profundo vacío que se siente por llevar una vida superficial y carente de compromisos es el causante de establecer apegos con otras personas para intentar mitigar el dolor de su inevitable pérdida.

Todo cambio implica una pérdida, y cualquier pérdida es imposible sin el cambio.

La reflexión sobre la pérdida y revisión de los recuerdos son formas de descansar de la intensa angustia que acompaña a la elaboración activa del duelo.

La pérdida suele establecer un proceso que oscila entre el sentir y el hacer.

Extrañar

Es común encontrar que gran parte de la cronicidad de los duelos se deba a la poca resolución que se da al manejo de la ausencia de yo en el otro yo, en otras palabras, se extraña más lo que representaba que lo que se sentía que perdía. Se pueden sentir las aflicciones de la tristeza y de los sentimientos de culpa.

Después de sentirse desprotegido por la conmoción y una vez externalizada la ira y evitación, se experimenta la soledad y la tristeza con toda su intensidad.

Es necesario mantener este difícil equilibrio entre el recuerdo del pasado y la inversión en el futuro al sentir la ausencia durante el resto de la vida.

La adaptación en los dos primeros años que siguen a una muerte o pérdida significativa, como forma de normalizar la experiencia, permite una anticipación más realista de su duración.

Se necesita la desvinculación afectiva que pueda marcar continuidad y resurgimiento en el aquí y ahora.

No es extraño que un individuo que ha sufrido una pérdida desee la muerte, ya sea para aliviar el insoportable dolor que siente o para unirse a la persona desaparecida en un mundo mejor.

Apego

La pérdida afectiva, según Bowbly, es una forma de conceptualizar la predisposición a crear fuertes lazos en formas de dolor emocional y trastornos de personalidad como la ansiedad, la ira, la depresión y alejamiento emocional, que se produce por la separación indeseada. Se vuelve una necesidad de vincularnos, por lo tanto la angustia se considera como una reacción a las amenazas de pérdida. Esto ocurre frecuentemente cuando se siente ignorado o rechazado.

Cuesta soltar a aquellos que se ama y duele sentir que ya no es amado. Se empieza a experimentar el vacío que causa desesperación, sin embargo, en ese proceso se está progresando hacia el crecimiento y maduración y si se logra asimilar el soltar dejará atrás una parte de la propia historia y se iniciará sentimientos que muchas veces da miedo a lo desconocido y a algo diferente.

El grave conflicto que se tiene si no se aprende a soltar, a desengancharse y dejar ir lo perdido, lo que se anhela y lo que en su momento se crea una necesidad, como resultado será doloroso a lo que uno se apega quedándose ahí atado, adherido a esos sueños, a esas fantasías, expectativas a esas ilusiones, el dolor crecerá día a día y de repente sin darse cuenta las alegrías acabarán dejando entrar sin piedad a la tristeza y al sufrimiento, serán los compañeros de trayecto, hacia la apatía, desolación, la falta de motivación, sentir depresión y la falta de sentido de vida.

Resignificar las pérdidas

Apegos/ Desapegos
Recuerdos… son del tiempo
Cosas materiales… de la tierra

Pareja, hijos, personas significativas… del corazón
Amigos y familiares… del camino
Cuerpo… propiedad de la tierra
Alma… de dios (universo), código de creencia
Talentos de las circunstancias
Maleta vacía… al morir los momentos se llevan, lo demás se queda

Capítulo 6
Promover autonomía

Reducción Estrés

Estrés se deriva del latín *stringere*, que significa *"provocar tensión"*. La palabra se usó por primera vez alrededor del siglo XIV.

El estrés es la forma como el cerebro y cuerpo reaccionan. Se expresan ante cualquier interpretación que se les dé y que perciban. Se puede manifestar ante cualquier tipo de desafío, cambio o eventos traumáticos incluyendo las pérdidas incluso la propia muerte, afectando la salud.

Los sucesos en el entorno del ambiente que nos rodea pueden alterar y desorganizar el organismo. Es fundamental conservar el propio ajuste frente a los cambios, para obtener la estabilidad de su medio interno, de lo contrario el rompimiento del equilibrio en el organismo puede ser sometido al estrés.

Según el filósofo francés Claudie Bernanrd (1867), habla de las consecuencias somáticas y psicológicas del estrés que se traduce en síntomas que podemos dividir en tres rubros:

Síntomas físicos: como taquicardia, sudoración, temblor corporal, manos y pies fríos, tensión muscular, falta o aumento de apetito, diarrea o estreñimiento, insomnio, tartamudeo, fatiga y resequedad en la boca, etc.

Síntomas psicológicos: ganas de llorar, dificultad para concentrarse, disminución de la memoria, ansiedad, preocupación en exceso, pensar en escenas terroríficas, pensamiento catastrófico, lentitud de pensamiento, irritabilidad y cambios de humor constantes, etc.

Síntomas conductuales: risa nerviosa, moverse constantemente, necesidad de correr y esconderse, rechinar los dientes, entre otros. Si estos síntomas no son percibidos y atendidos oportunamente pueden desencadenar o exacerbar enfermedades como: gripa, gastritis, colitis y úlceras, migraña, contracturas musculares, artritis, hipertensión arterial, alergias, asma, diabetes mellitus, infartos y cáncer, entre otras.

Las emociones muestran respuestas en los aspectos motor, cognitivo y fisiológico. Son mecanismos básicos de la condición humana y juegan un papel en la función adaptativa como la ansiedad, el miedo, la tristeza, la culpa o la alegría, por mencionar algunas.

En el aspecto motor: conductas de evitación y escape, conductas compulsivas e impulsivas e inhabilitación motriz.

En el aspecto cognitivo: puede modificar las reacciones fisiológicas, conductuales y emocionales como: preocupaciones, desmoralización, aprehensión, mezcla de pensamientos, dificultades de atención y concentración.

En el aspecto fisiológico: alta activación del sistema nervioso autónomo que trae consigo una serie de cambios fisiológicos como taquicardia, mareos, sudoración, rubor, tensión en el estómago o dificultades respiratorias.

Factores cognitivos que se relacionan con la interpretación de los sucesos desempeñan una función muy importante para determinar qué es estresante. La rigidez del estrés cuando la importancia y la calidad de los objetivos que están amenazados se extienden durante un periodo prolongado.

El tipo de suceso como la muerte de un ser querido son estímulos estresantes universales. Para que un suceso sea considerado estresante debe percibirse como una amenaza y se debe carecer de los recursos para enfrentarlo en forma efectiva como lo menciona Folkman (1986). En consecuencia, el mismo suceso puede ser estresante en ocasiones, pero en otras puede no producir reacción alguna de estrés.

El síndrome de adaptación general es útil para explicar las respuestas de las personas ante el estrés, pero no es nada específico en cuanto a interpretar qué estímulos provocan estrés a determinada persona.

Es importante pensar sobre las conexiones entre el pasado y presente, que influyen al seleccionar, interpretar y reaccionar ante los eventos interpersonales, debido a que si se ignora se puede convertir en trastorno de estrés postraumático que es la experimentación repetitiva angustiosa del trauma y por lo tanto se vuelve necesario pedir ayuda profesional.

Detenerse para sentir y reflexionar en qué estado uno se encuentra y dimensionar las capacidades para modificar o cambiar y hacerse cargo de la salud.

Angustia y Ansiedad

Son dos términos cuyo significado se relaciona con un sentimiento de peligro frente a algo indeterminado.

La palabra angustia significa "ang", "apretar".

Ansiedad, etimológicamente significa "incomodidad" y consiste en un temor indefinido cuya función, en condiciones normales, es poner alerta al organismo en presencia de un peligro, estimulando la capacidad de respuesta del individuo.

De acuerdo a Freud en 1926, distingue la ansiedad normal con relación a peligro conocido, mientras que la ansiedad patológica o neurótica es un peligro que tiene que ser descubierto.

La ansiedad puede interferir en manifestación física o corporal, fatiga, irritabilidad, pobre concentración, tensión muscular, hiperactividad (palpitaciones), sudoración, dolor, diarrea, dolores en estómago, boca seca, incremento de la diuresis, trastornos de sueño, etc.

El término ansiedad se emplea para sintomatología psíquica, que es vivida como inquietud y sobresalto.

La diferencia entre angustia y ansiedad la establece la intensidad de las manifestaciones.

De acuerdo a la Dra. Teresa Robles, se establece desde tres áreas distintas:

Conductuales: en las acciones.
Cognitivos: en los pensamientos.
Fisiológicos: en las reacciones fisiológicas o biológicas.

El trastorno de Pánico define un cuadro espontáneo de intensa ansiedad. Abuso de alcohol y tranquilizantes.

El miedo puede parecer a la ansiedad, se utiliza cuando la sensación ansiosa aparece en respuesta a un estímulo externo concreto que el sujeto vive como un peligro o amenaza.

La angustia no va dirigida a algo concreto, es una sensación indeterminada y carente de objeto. La anticipación a la sensación de miedo real es la base de la angustia.

Autores como Rank Goldstein y May consideran la ansiedad como algo normal, intrínseco al proceso de individualización y fruto del desarrollo y de la evolución vital.

La ansiedad patológica es tensión, incomodidad, malestar y miedo indefinido, que afecta en su actividad diaria. El individuo ve reducida su libertad personal, se convierte en una emoción desproporcionada, que se presenta incluso en ausencia del peligro manifiesto.

Se considera patológica la intensidad, la proporción y la duración del estado de activación que sufre el organismo.

Según Henry Ey, la patología de la ansiedad se caracteriza por ser "Anacrónica". El sujeto revive situaciones pasadas.

Fantasmagóricas: representación imaginaria de un conflicto inconsciente.

Estereotipada: es repetitiva.

La ansiedad patológica es más corporal y en su extremo se representa como angustia, persiste por encima de los límites adaptativos, afecta a su rendimiento, funcionamiento psicosocial.

Sheehan clasifica la ansiedad en conexión con el entorno.

Ansiedad exógena: aparecen ante estímulos externos personales o psicosociales, está relacionada con el estrés incluye ataques espontáneos de angustia.

Ansiedad endógena: esa sensación autónoma y relativamente independiente de estímulos ambientales y vulnerabilidad genética, la respuesta a la terapia farmacológica es buena. Se presenta mediante síntomas de ataques de angustia o pánico inexplicables. Se asocia con múltiples fobias. La ansiedad es patológica, se puede diferenciar en ansiedad estado y rasgo.

Ansiedad estado: incluye crisis de angustia, estado de angustia y reacción de angustia.

La ansiedad rasgo: tendencia a reaccionar ansiosamente, una variable de personalidad.

Trastornos por angustia según Freud es un conflicto intrapsíquico sin base orgánica. Neurosis histérica, fóbica y obsesiva.

En la neurosis de angustia describe diez características, lo que denominamos ansiedad patológica, irritabilidad general, expectación aprehensiva, angustia flotante, desarrollo de fobias, trastornos gastrointestinales, parestesias y tendencia a la cronicidad.

En los ataques de angustia hay tres elementos principales; miedo a volverse loco, a morir o perder el control; la evolución de la crisis a la ansiedad anticipatoria y la conducta evitativa.

En 1977 la OMS sustituye el término neurosis de angustia por el estado ansioso.

En el trastorno por angustia y por ansiedad generalizada, la evitación es la conducta característica del trastorno por angustia con agorafobia.

En el trastorno obsesivo-compulsivo el sujeto lucha contra sus obsesiones o sus compulsiones.

La angustia y la depresión son las más frecuentes, las mujeres son más proclives a padecer trastornos de ansiedad, edad más frecuente de inicio entre los 20 y 40 años. Es más frecuente en los niveles socioeconómicos más bajos. Pacientes con trastornos de angustia desarrollan secundariamente un cuadro depresivo, La hipocondriasis es consecuencia de angustia generalizada.

Trastornos por ansiedad generalizada son sentimientos persistentes y generalizado de ansiedad, este síntoma se manifiesta en forma de tensión interna, crónica y mantenida.

La ansiedad no aparece en respuesta a un estímulo, inmotivada y desproporcionada; preocupaciones excesivas sin que exista una justificación real. Presencia de síntomas, cefaleas, síntomas gastrointestinales, inestabilidad, mareos, hormigueos, y sensaciones de pesadez y fatiga, junto con irritabilidad e insomnio. En cambio los ataques de angustia se presentan en forma brusca, por la intensidad de los síntomas de ansiedad. En el trastorno por ansiedad generalizada las manifestaciones son de evolución prolongada, persistentes y en consecuencia de menor intensidad.

Los ataques de angustia o pánico: episodios de aparición brusca sin un factor desencadenante conocido, ocurre en la esfera tanto psíquica como somática. Se puede mostrar aprehensión, temor, dejan al paciente confuso, fatigado y exhausto.

El primer episodio se recuerda de forma muy precisa, generalmente se encuentra calmado y sin motivo que justifique el ataque. Limita la actividad laboral y social, desarrolla dependencia patológica con el fin de estar siempre acompañado, ya que es la única forma de sentirse seguro.

Enfermedad somática: pacientes con trastornos de ansiedad somatizan, hipertensión arterial, úlcera péptica y patología cardiovascular. Hipertiroidismo, cuya sintomatología puede ser confundida con un ataque de pánico.

Algunos de los síntomas que suelen aparecer cuando se presenta una crisis de angustia por estrés:

Disnea o dificultad para respirar
Palpitaciones
Dolor o malestar en el pecho
Suspensión de la respiración o sensación de ahogo
Mareo, vértigo o sensación de inestabilidad
Sentimiento de irrealidad
Cosquilleo en manos y pies
Oleadas de calor y frío
Sudoración
Debilidad
Temblor o estremecimiento
Miedo a morir, a volverse loca o realizar cualquier cosa fuera de control

	ANGUSTIA	ANSIEDAD	MIEDO
Origen	Estrechez	Incomodidad/ Indeterminado	Real/imaginario
Expresiones	Físico	Psíquico/Sensación de amenaza	Peligro Real y concreto
Sensaciones	Limita	Inquietud/Sentir amenaza	Motivo de hacer algo
Reacción	Opresión Torácica Afectación en el estómago Falta de aire	Sensación de muerte No poder huir	Huida/evitación

Ansiedad normal y patológica

	NORMAL	PATOLÓGICA
Intensidad	Leve	Profunda, persistente
Relación con el entorno	Compensada activadora	Desproporcionada hiperactivación
Manifestaciones	Psíquicas	Somáticas
Objetivo	Aumenta los recursos	Carece de objetivo concreto
Duración	En relación con el estímulo	Indeterminada autónoma
Origen temporal	Momento actual	Anacrónica (pasado)
Consecuencias	Libertad adaptación	Pérdida de libertad

Depresión

Los sentimientos de depresión se pueden describir como sentirse triste, melancólico, infeliz, miserable, desmotivado, desesperanzado, abandono o derrumbado. La mayoría de las personas se sienten de esta manera una que otra vez durante períodos cortos. La depresión clínica es un trastorno del estado de ánimo en el cual los sentimientos de tristeza, pérdida, ira o frustración interfieren con la vida diaria durante un período prolongado. Se deben descartar causas físicas que pueden mostrar síntomas de depresión antes de hacer el diagnóstico.

Muchos investigadores creen que puede ser causada por desequilibrios químicos en el cerebro, los cuales pueden ser hereditarios o causados por sucesos de la vida de una persona. Algunos episodios de depresión no se pueden prevenir.

La baja autoestima frecuentemente está asociada con depresión, al igual que los arrebatos repentinos de ira y falta de placer en actividades que normalmente hacen feliz a la persona, incluyendo la actividad sexual, lo que desencadena el comienzo de un episodio depresivo. La depresión es más común en las mujeres que en los hombres y es especialmente frecuente durante los años de adolescencia.

Hay 4 rasgos de personalidad que pueden aumentar el desarrollo de la depresión: el nerviosismo, un modo negativo de pensar, pautas pasivas de conducta y un perfeccionismo obsesivo.

La depresión se manifiesta cuando se presentan cinco o más síntomas de depresión durante al menos dos semanas. Estos incluyen: melancolía, desánimo, tristeza, desilusión, desmotivación, cambios en el estado de ánimo, desesperanza, inutilidad o pesimismo. Asimismo, el uso del Inventario de la Escala de Depresión de Beck (*Beck's Depression Scale Inventory*).

Síntomas

- Dificultad para conciliar el sueño o exceso de sueño
- Cambio drástico en el apetito, a menudo con aumento o pérdida de peso
- Fatiga y falta de energía
- Sentimientos de inutilidad, odio a sí mismo y culpa inapropiada
- Dificultad extrema para concentrarse
- Agitación, inquietud e irritabilidad
- Inactividad y retraimiento de las actividades usuales; una pérdida de interés o placer en actividades que alguna vez se disfrutaban (como la actividad sexual)
- Sentimientos de desesperanza y abandono
- Pensamientos de muerte o suicidio

Las recurrencias se pueden evitar con tratamientos que contemplan medicamentos e intervención psiquiátrica.

Es importante mantener un estilo de vida saludable que comprenda:

- Dormir bien
- Consumir una dieta nutritiva y saludable
- Hacer ejercicio regularmente
- Evitar el consumo de alcohol, marihuana y otras drogas psicoactivas
- Involucrarse en actividades que normalmente le dan felicidad, incluso si no siente deseos de hacerlo

- Pasar el tiempo con familiares y amigos
- Pensar en la oración, meditación
- Intentar hablar con clérigos o consejeros espirituales quienes pueden ayudar a darle sentido a experiencias dolorosas
- Buscar relaciones de apoyo interpersonal

Causas comunes

- La muerte de un familiar, amigo o mascota.
- Una decepción importante en el hogar, en el trabajo o en la escuela con amigos (por la ruptura de relaciones, perder una materia o el divorcio de los padres).
- Un dolor prolongado o una enfermedad grave.
- Condiciones médicas como hipotiroidismo (baja actividad de la tiroides), cáncer o hepatitis.
- Medicamentos tales como tranquilizantes y medicamentos para la hipertensión.
- Consumo excesivo de alcohol o drogas.
- Estrés crónico.
- Eventos en la infancia como maltrato o rechazo.
- Aislamiento social (común en los ancianos).
- Deficiencias nutricionales (como folato y ácidos grasos omega-3).
- Problemas de sueño.

La depresión generalmente se clasifica en términos de gravedad: leve, moderada o severa.

Depresión grave: deben presentarse 5 o más síntomas de la lista de arriba, durante al menos dos semanas, aunque esta condición tiende a continuar por al menos 6 meses.

La depresión se clasifica como depresión menor o moderada si se presentan menos de 5 síntomas durante al menos dos semanas.

Depresión severa puede estar acompañada de síntomas psicóticos, como alucinaciones y delirios, que por lo general son consecuentes con el estado de ánimo deprimido y se pueden enfocar en temas de culpa, insuficiencia personal o enfermedad, a menudo tienen cambios de comportamiento, como patrones de sueño y de alimentación. Este tipo de depresión aumenta el riesgo de suicidio en una persona.

Distimia: una forma de depresión crónica, generalmente más leve, pero que dura más, con frecuencia hasta 2 años.

Depresión atípica: depresión acompañada de síntomas inusuales, como alucinaciones (por ejemplo, escuchar voces que realmente no están allí) o delirios (pensamientos irracionales).

Otras formas comunes de depresión abarcan:

Depresión posparto: muchas mujeres se sienten deprimidas después de tener el bebé, es poco común.

Estado de ánimo desagradable premenstrual: síntomas depresivos que ocurren una semana antes de la menstruación y desaparecen después de menstruar.

Trastorno afectivo estacional (SAD, por sus siglas en inglés): ocurre durante las estaciones de otoño e invierno y desaparece durante la primavera y el verano, probablemente debido a la falta de luz solar.

La depresión también puede ocurrir con manías (conocida como depresión maníaca o trastorno bipolar). En esta condición, los estados de ánimo están en un ciclo entre manía y depresión.

La persona debe buscar asistencia médica de inmediato si:

- Escucha voces que no están allí.
- Presenta episodios frecuentes de llanto con o sin provocación.
- Ha tenido sentimientos de depresión que perturban la vida laboral, escolar o familiar por más de dos semanas.
- Presenta 3 o más de los síntomas de depresión.
- Piensa que uno de los medicamentos que está tomando actualmente puede estar causándole depresión. Sin embargo, NO SE DEBEN cambiar ni suspender los medicamentos sin previa consulta con el médico.
- Si alguna vez se han cruzado por la mente de la persona pensamientos para terminar con su vida.

"El dolor es un gran maestro cuando envía de regreso a la realidad y a su vez invita a servir y ayudar a los demás"

Elevar calidad de vida

Las palabras "calidad de vida" y "bienestar" las utilizan doctores y psicólogos; sin embargo, existen otros términos en biología y se describen como "potencial de adaptación", o por términos psicológicos tales como "eficacia" o "potencia". Otro término es "nivel de vida". Sen (1992) llama a esta variante de calidad de vida "capacidad". La capacidad del individuo dependerá si está preparado para afrontar los problemas de la vida. En otras ocasiones se le designa con el término médico "salud". Salud y enfermedad son resultantes del éxito o del fracaso para adaptarse física, mental, social, y espiritualmente, a las condiciones de nuestro ambiente.

La Organización Mundial de la Salud (OMS, 1964) define la salud como "un estado de bienestar completo físico, mental y social y no solamente la ausencia de enfermedad o dolencia".

La enfermedad se encuentra cuando la persona se atora viviendo permanentemente en el "ahora pasado" o expectativas que tienen sentido a partir de un "ahora futuro".

¿Qué es calidad de vida? Es un bienestar muy particular, dependerá de cada individuo debido a que lo puede percibir de manera "objetiva" y "subjetiva". La objetividad se refiere a un grado de vida que alcanza patrones claros de la buena vida, evaluados por una persona externa imparcial. Por ejemplo, al hablar de muerte es algo natural que cualquier persona habrá de pasar. Si se habla de subjetividad se refiere a auto-apreciaciones basadas en razonamientos manifiestos, por ejemplo, al hablar de muerte es un dolor indescriptible, desgarrador y que no se quisiera pasar.

Si el entorno es el adecuado y hay una apreciación subjetiva positiva se puede definir como "bienestar". Por ejemplo: la tarde está soleada objetivamente y subjetivamente se habla que es el mejor clima para poder nadar.

Cuando una persona acepta sus propios sentimientos, estos se integran con los demás, se equilibran y todo resulta armonioso.

Factores que se relacionan con bienestar y calidad de vida:

- Dejar de culparse y los deberías ayudan mucho para desistir de castigarse a uno mismo.
- Dejar de generar expectativas para que los demás lo hagan sentir bien.
- Concebir fe y confianza en uno mismo.
- En la medida que se deja de satisfacer a los demás uno se respeta y se valora así mismo.

Pérez Farfán (2007) propone que antes de pensar en aplicar el conocimiento para servir a otro es preciso aplicarlo en nosotros mismos, en un nivel científico se conoce la relación que existe entre el sistema inmunológico y las vías neurales, su acción o interacción directa en la producción de linfocitos, que, a través del estrés, se deprime el sistema inmunológico; lo que nos hace más frágiles.

Proceso adaptativo

Los rasgos de personalidad son patrones persistentes de relacionarse y pensar sobre el entorno y sobre uno mismo que se ponen de manifiesto en una amplia gama de contextos sociales y personales.

Los rasgos de personalidad solo constituyen trastornos de la personalidad cuando son inflexibles y desadaptativos, cuando causan un deterioro funcional significativo o un malestar subjetivo. Afecta en el área cognoscitiva, afectiva, de la actividad interpersonal o del control de los impulsos. Las cualidades personales como el sentido del humor, la valentía, la perseverancia, el autoconocimiento, el espíritu de aventura, etc. dan como consecuencia una resiliencia donde la habilidad se adapta a su proceso de situación de cambio.

Lamentablemente las experiencias traumáticas y de situaciones de pérdida representarán un difícil proceso de adaptación. Es importante asumir en forma gradual las consecuencias indeseables de tales eventos.

Al hablar de estrés grave y trastornos de adaptación se pone a prueba los mejores recursos de ajuste de las personas, debido a que el ser humano integral se relaciona con la cultura, va a estar influenciada por ella, interviene adopción de valores, conocimientos, creencias, y actitudes, va buscando virtudes o estabilidad para procesar pérdidas.

La maleabilidad no deforma, reforma. No destruye, construye. Este es el fin que persigue la Tanatodinamia en impulsar, para adaptarse, ajustar para ser uno con el contorno. Y luego de ser, aceptar la transformación que trasciende y que nunca perece.

Es importante tomar dominio personal pasando de la preocupación a la ocupación en la búsqueda de resiliencia. Reconocer y asumir que en el proceso de duelo y pérdidas uno no puede solo, ayudará a reflexionar que es el momento de pedir ayuda a un profesional porque fingir que no duele… duele el doble.

Intervención:

Tanatólogo. -Pérdida y desesperanza (inyectar esperanza y trascendencia)

Psicólogo. -Escucha activa

Médico. -Cura cuerpo

Tú te enfermas… tú te sanas

En un duelo la muerte (pérdida) se lleva el alma

Ayudará a preguntarse:

Para cuidar mi mente, pensamientos, niveles de ansiedad y estrés, ¿qué genero para sentirme mal? (aislamiento, abuso de redes sociales y noticias alarmistas, pensar que salgo adelante sin apoyo terapéutico).

¿Qué es lo que siento y cómo siento lo que me genera estrés/miedo/enojo/tristeza/coraje/dolor/pena/? ¿Por qué me sientes así?

De los sucesos que me preocupan, ¿cuál puedo cambiar?

¿Cuál será mi actitud ante los sucesos que no puedo cambiar?

En cuanto a la percepción, ¿qué voy a realizar diferente para hacerme responsable de mejorar mi salud corporal? (Cuidar peso, ejercicio, alimentación, revisiones médicas periódicas, buscar momentos felices).

Sentirse víctima, culpar a otros o culparse, quitará energía, vitalidad y termina en agotamiento emocional y físico. Es una forma de ceder el poder al exterior incluyendo los pendientes por resolver que se aplazan, hace a uno sentirse incómodo, se pierde energía, concentración e intención para realizar cosas verdaderamente trascendentes, ocasionando sentirse con frustración y se alimentan pensamientos que lastiman la percepción de uno mismo, ocasionando un síntoma anímico que desencadenará uno físico.

Capítulo 7
Recursos para confrontar duelo y pérdidas

Es de vital importancia identificar la fatiga mental por ser una mezcla de falta de interés, inquietud física abatida, que ocasiona síntomas. Es responsabilidad de cada persona saber proporcionar repaso al cerebro, nervios y músculos, hay técnicas, dinámicas y ejercicios.

Test para conocer la actitud ante el duelo o pérdida

¿Cómo definiría lo que siente?

¿Cómo ha afectado en su vida?

¿De qué forma han cambiado sus sentimientos hasta hoy?

Para usted ¿qué es un duelo?

¿Puede describir qué interpretación le da a su pérdida?

¿Su pérdida cómo lo hace sentir?

¿Puede mencionar lo que recuerda en la forma de reaccionar ante su pérdida?

¿Ha notado si hay afectación a su visión de sí mismo?

¿En su forma religiosa o espiritual le ayudó para asimilar lo perdido?

De sus pérdidas, ¿cuál cree que sea la más significativa?

¿Cómo exteriorizó su duelo o pérdida?

¿Sintió apoyo en el momento de su pérdida?

¿Siente que aprendió algo ante la pérdida?

¿Habrá algún beneficio de esa pérdida?

¿Qué le provoca hacer en usted la reacción que los demás tienen?

¿Los otros tienen la visión de lo que usted necesita?

¿Los otros tienen la voluntad y lo indispensable para cubrir su necesidad?

¿Qué representa esto para usted y para todos los demás?

¿Le gustaría iniciar a resignificar lo perdido?

Dinámica

Tareas sugeridas para la reorganización del sistema ante la pérdida.

Reconocer las emociones, para inferir en las necesidades y canalizarlas de la mejor manera.

Identificar las necesidades para establecer comunicación asertiva, así mismo poder escuchar y hablar sin sentirse juzgado.

Observar el efecto de las emociones y pensamientos en el estado físico que se conduce.

Respirar: no dejar que el dolor secuestre el aire del pecho. Dejar que el cuerpo se oxigene.

Si la naturaleza de ese dolor es debido a una enfermedad, identificar de dónde proviene puede ser de las percepciones e interpretaciones y ocasionaría bloquear el tratamiento, por eso es importante darse cuenta del tipo de afección que padece el cuerpo y reconocerlo. No resistirse al dolor porque lo que resiste persiste, como consecuencia impactará en el dolor psicológico proyectado en el físico.

Ejercicios de apoyo

Físico: alimentación sana, consciente, ejercicios físicos y de respiración.

Emocional: relaciones conscientes, ejercicios de respiración, relajación, visualización.

Mental: reflexión, atención consciente, actualización de capacidades.

Espiritual: trabajar en la expansión de la consciencia, del "estar presente", ayuda la meditación

Respiración consciente: es la puerta de entrada a la relajación, se hace profunda y permite entrar en zonas de la mente y observar lo que sucede.

Relajación: sus beneficios se observan tanto en el plano fisiológico, como en el plano psíquico y espiritual.

Fuente de vitalidad, favorece una actitud de paz interior, equilibrio y ecuanimidad.

Hipnoterapia e imaginería

Técnicas

Técnicas de relajación

Técnicas para modificar el comportamiento contra la tensión, ansiedad o depresión que se adquirieron por situaciones desagradables como duelo o pérdida.

Modifica los componentes fisiológicos de la tensión, tales como el ritmo de la respiración, la velocidad del pulso y la contracción muscular.

Se basa en un razonamiento fisiológico, para personas que no responden a la percepción y ayuda a la reducción de medicamentos.

Las técnicas de Benson son simples:

El ambiente debe ser tranquilo y preferentemente oscuro.

Sentarse en posición vertical sobre una silla cómoda, con las manos descansando sobre los muslos, con las palmas hacia abajo.

Respirar lenta, profunda y deliberadamente. Concentrarse en la experiencia de la exhalación. Al hacer esto, repetir cualquier palabra monosilábica que se elija. Benson prefiere el uso de la palabra "uno".

Adoptar una actitud pasiva. Si la mente divaga, aceptar que puede regresar y retornará a la observación de la respiración y la concentración de la exhalación.

Dinámica de la respiración 3 veces

Con ese gran poder que tiene la mente, imaginar cómo la respiración recorre el cuerpo: cabeza, nariz, oídos, ojos, cuello, corazón, órganos, estámago, piernas, manos, dedos.

Descansar: es abandonar las preocupaciones, eliminar la tensión.

Se necesita descansar de 5 a 10 minutos, durante la digestión.

Stress, sacar corajes.

La responsabilidad de las emociones dependerá del significado que se dé a las horas de labor.

Se necesita hacer una pausa entre 2 actividades diferentes.

El cuerpo necesita descansar de 7 a 8 horas diarias. Sueño: no es lo mismo dormir que descansar.

Las horas de la mañana son las aconsejables para realizar cualquier actividad que requiera de concentración.

¿Cuál es la técnica para dormir? Recostarse en la cama, cierra los ojos, respira profundamente y exhala despacio varias veces.

¿Qué factores influyen en la fatiga mental?

Ambiente (luz, sonido, temperatura).

Estado de ánimo.

Falta de interés, comida.

La fe es la confianza de que en verdad sucederá, lo que esperamos es lo que nos da la certeza de las cosas que no podemos ver (Heb. 11.1).

Una idea genera un pensar, un sentir y un actuar

Responderse es aprender a verse, escucharse y sentirse.

Ver ganancia (lo que sí se tiene) y dejar de voltear a ver lo que ya no se tiene.

Busca hora feliz todos los días.

Ejercicio que ayudará para poder identificar el sentir, pensar y actuar.

Preguntar:

¿Qué siento?

Al dormir, ¿es un sueño reparador, y cuántas horas duermo?

Si hay insomnio, ¿con qué frecuencia?

¿Se dificulta la concentración, disminución de la memoria, esfuerzo para recordar y relajar?

Al pensar, ¿llegan recuerdos recurrentes del ser querido, pensar en escenas terroríficas, pensamientos destructivos o catastróficos, sensación de extrañeza, incredulidad, desinterés general en las actividades diarias, lentitud de pensamiento, confusión o preocupación?

¿Se ha llegado a tener pensamientos recurrentes de ver la vida sin interés hasta el punto de perder las ganas de vivir?

En cuanto a la conducta, ¿hay alteraciones del sueño como dormir en exceso o no conciliar el sueño, insomnio, soñar con la pérdida o el ser querido, risa nerviosa, llorar, evitar recordar, moverse inusualmente o constantemente, buscar objetos o cualquier cosa que tenga que ver con el ser querido o lo perdido y atesorarlos, necesidad de correr y esconderse, rechinar los dientes?

Hablando de las emociones, ¿hay culpa, inestabilidad, enfado, ira contenida, fatiga, agotamiento emocional, impotencia, ganas de llorar constantemente, autorreproche, pena, bloqueos constantes, desolación, ansiedad, cambios de humor constantemente, tristeza, anhelo, impotencia y frustración?

La importancia de dejarse sentir corporalmente es de vital importancia para poder canalizar correctamente las emociones y sensaciones que dejan los síntomas desagradables.

Es necesario hacer la pregunta ¿siento taquicardia, dolor frecuente de cabeza, dolor en pecho, suspiros constantes, boca seca, sudoración, falta de aire, temblor corporal, manos y pies fríos, falta o aumento de apetito, vacío en el estómago, diarrea o estreñimiento, tartamudeo, falta de energía fatiga y resequedad en la boca, opresión en el pecho y garganta, tensión o debilidad muscular hasta sentir dolores punzantes o quemantes, hipersensibilidad al ruido?

Ayuda mucho describir el día a día, para estar en contacto con uno mismo e identificar si aparecen síntomas que antes no había y poder canalizar de mejor forma evitando enfermar.

Tips

No importa cómo se elija pasar el duelo. No existe una manera correcta de hacerlo.

La aflicción es una emoción normal, va a desaparecer.

Expresar y liberar emociones, gritar, llorar, pegar, es mejor no reprimirse. Si ocasionalmente se ve o se escucha algo que recuerde a la persona que ya no está o el objeto, será necesario contactarlas para que las pérdidas puedas procesar.

Expresarse libremente, puede ser por escrito, empezar desde lo que se siente y lo que significa.

No sentirse presionado al hablar (conocí a una persona que se quedó afónica); era el momento de sentir no de hablar.

Si dicen "no llores, no lo dejas descansar"… y se permite… El dolor se queda atrapado, no sale.

Participa en los rituales. Los servicios religiosos ayudan a superar la pérdida y a honrar al que falleció.

Reunirse con otras personas brinda sensación de apoyo y ayuda a no generar aislamiento (rosarios).

Hacer ejercicio ayuda en la pastillita emocional (oxitocina, dopamina, serotonina y endorfina), puede cambiar el mal humor y pesimismo, modificar la rutina normal si es necesario.

Alimentarse bien, el cuerpo necesita comida nutritiva, tomar agua y evitar deshidratarse.

Hacer ejercicios de "GYM CEREBRAL".

Descansar no solo ir a dormir (ayuda desde la mente hacer el abecedario al revés).

Unirse a grupos de apoyo, recordar que no es necesario estar solo con los sentimientos de dolor.

Cambiar ese recuerdo negativo por algo positivo resignificando la pérdida encontrando ganancia.

Reconocer el dolor e intentar vivirlo es expresión de salud mental.

Un buen terapeuta no dice lo que tienes que hacer… da dinámicas y la persona afectada actúa.

NOTA… Si el duelo se transformó en depresión y se observa que ya duro más de tres meses sin poder continuar con las actividades habituales, si se piensa en el suicidio, la muerte o en lastimarse… Es necesario pedir ayuda profesional.

EPÍLOGO

La cultura es el camino para expresar nuestra condición humana, y el proceso de duelo es el acceso para saber comprender ese dolor y soledad, la tarea individual es encontrar los propios recursos que ayude a identificarse uno mismo. Lo difícil es lograr ser independiente emocional, debido a que la mayor parte de las veces nos afectamos a través de los deseos, las necesidades o las carencias de los demás, por eso aprender las ganancias a pesar de las pérdidas puede asimilar y reconocer las propias. Pertenecerse desde la soledad, aceptar el hecho de que la funcionalidad proviene desde el respeto profundo al ser individual. Amarse a uno mismo no es tarea fácil; aceptar la historia de dolor es necesario para sanar las heridas y poder vivir con autonomía y libertad de lo contrario se está condenado a ir lastimando a los demás.

Por lo tanto, mantener, transformar y resignificar la experiencia que el dolor dejó es vivir consciente de que se sigue alimentando de lo que viene del pasado como un continuo hacer para crear lo presente y abrir el futuro.

Indiscutiblemente al abrir el corazón y la mente evitará que algún especialista de la salud lo haga, debido que al estar sano no se requiere del que "cura".

Al querer saber cómo estará mi cuerpo hoy basta con recordar lo que pensé, sentí y actué ayer.

La enfermedad viene de uno mismo por lo tanto es la responsabilidad de cada quien estar bien. "Yo me enfermo, yo me curo".

La vida es para vivirla hoy, no existe un después, este libro es una invitación a no perderse desde el dolor.

GLOSARIO DE TÉRMINOS

Aflicción. Representa las reacciones particulares subjetivas que se experimentan mientras se vive en un estado de duelo (lo que uno siente, el dolor de la pena). Es aquí donde encontramos las mayores diferencias.

Angustia. Un estado de gran activación emocional que contiene un sentimiento de miedo o aprehensión. Clínicamente se define como una reacción de miedo ante un peligro inconcreto y desconocido. Se emplea también como sinónimo de *ansiedad* o para referirse a la expresión más extrema de esta.

Ansiedad. Miedo anticipado a padecer un daño o desgracia futuros, acompañada de un sentimiento de temor o de síntomas somáticos de tensión.

Apatía. Impasibilidad del ánimo. Estado en el que el sujeto permanece indiferente.

Aprendizaje. Es un cambio permanente de la conducta de la persona como resultado de la experiencia. Se refiere al cambio en la conducta o al potencial de la conducta de un sujeto en una situación dada, como producto de sus repetidas experiencias en dicha situación. Este cambio conductual no puede explicarse en base a las tendencias de respuesta innatas del individuo, su maduración, o estados temporales (como la fatiga, la intoxicación alcohólica, los impulsos, etc.).

Aptitud. La capacidad de aprovechar toda enseñanza, capacitación o experiencia en un determinado ámbito de desempeño.

Asociación. Proceso mental por el que una idea se asocia espontáneamente.

Aspiración. Meta que el sujeto se establece a sí mismo al realizar una tarea determinada.

Atención. Capacidad para centrarse de manera persistente en un estímulo o actividad concretos.

Capacidades. Son aptitudes mentales hipotéticas que permitirían a la mente humana actuar y percibir.

Carácter. Conjunto de características que distinguen a una persona de otra.

Carácter, neurosis de. Exageración de determinados rasgos de la personalidad, que provocan trastornos de la conducta.

Cognición. Procesamiento consciente de pensamiento e imágenes.

Compensación. Mecanismo psicológico inconsciente mediante el cual el sujeto intenta contrarrestar su inferioridad real o imaginaria.

Conciencia. Estructura de la personalidad en que los fenómenos psíquicos son plenamente percibidos y comprendidos por la persona.

Conducta. Reacción global del sujeto frente a las diferentes situaciones ambientales.

Conflicto. Dos motivaciones de carácter opuesto, pero de igual intensidad.

Crisis de angustia. Consiste en la aparición repentina de la ansiedad en su máxima intensidad. Estas crisis se viven por el paciente como una señal de muerte inminente; la intensidad de sufrimiento es equivalente a la de alguien que nota que lo van a matar. Se acompaña de síntomas corporales de pánico: taquicardia, palpitaciones, respiración acelerada, sensación de ahogo o falta de aliento, náuseas o molestias abdominales, mareo, desmayo o aturdimiento, palidez, manos y pies fríos, sensación de opresión precordial que en ocasiones llega a ser dolor precordial, sudoración, parestesias (sensación de entumecimiento u hormigueo), miedo a perder el control o "volverse loco" y miedo a morir.

Culpa, sentimiento. Experiencia dolorosa que deriva de la sensación más o menos consciente de haber transgredido las normas éticas personales o sociales.

Emoción. Estado afectivo, una reacción subjetiva al ambiente, acompañada de cambios orgánicos (fisiológicos y endocrinos) de origen innato, influida por la experiencia y que tiene la función adaptativa. Se refieren a estados internos como el deseo o la necesidad que dirige al organismo. Las categorías básicas de las emociones son: miedo, sorpresa, aversión, ira, tristeza y alegría.

Empatía. Estado mental en el que un sujeto se identifica con otro grupo o persona, compartiendo el mismo estado de ánimo.

Estado de ánimo. Emoción generalizada y persistente que influye en la percepción del mundo. Son ejemplos frecuentes de estado de ánimo la depresión, alegría, cólera y ansiedad.

Estimulante. Fármaco que aumenta la actividad motriz y psíquica del individuo.

Estímulo-respuesta. Teoría que explica cómo el individuo tiene comportamientos como un conjunto de reacciones a estímulos precedentes.

Estrés. Cualquier exigencia que produzca un estado de tensión en el individuo y que pida un cambio o adaptación por parte del mismo.

Enfermedad psicosomática. Es la provocada o agravada por factores psicológicos como el estrés, los cambios en el estilo de vida, las variables de la personalidad y los conflictos emocionales.

Irritable. Fácilmente enojado y susceptible a la cólera.

Hormonas. Sustancias químicas producidas en un órgano y transportadas por la sangre a células del cuerpo, ejerce efecto de regulación fisiológica.

Sentimiento. Descripción subjetiva.

Somático. Perteneciente o relativo a los tejidos del cuerpo.

Terapia. Tratamiento llevado por actividades para sanar enfermedades, síntomas, pensamientos o disfunción que aparezca, y solucionar problemas psicológicos para mitigar el sufrimiento.

www.ingramcontent.com/pod-product-compliance
Lightning Source LLC
LaVergne TN
LVHW051217070526
838200LV00063B/4934